SCIENCE OF A BATTING

バッティングを

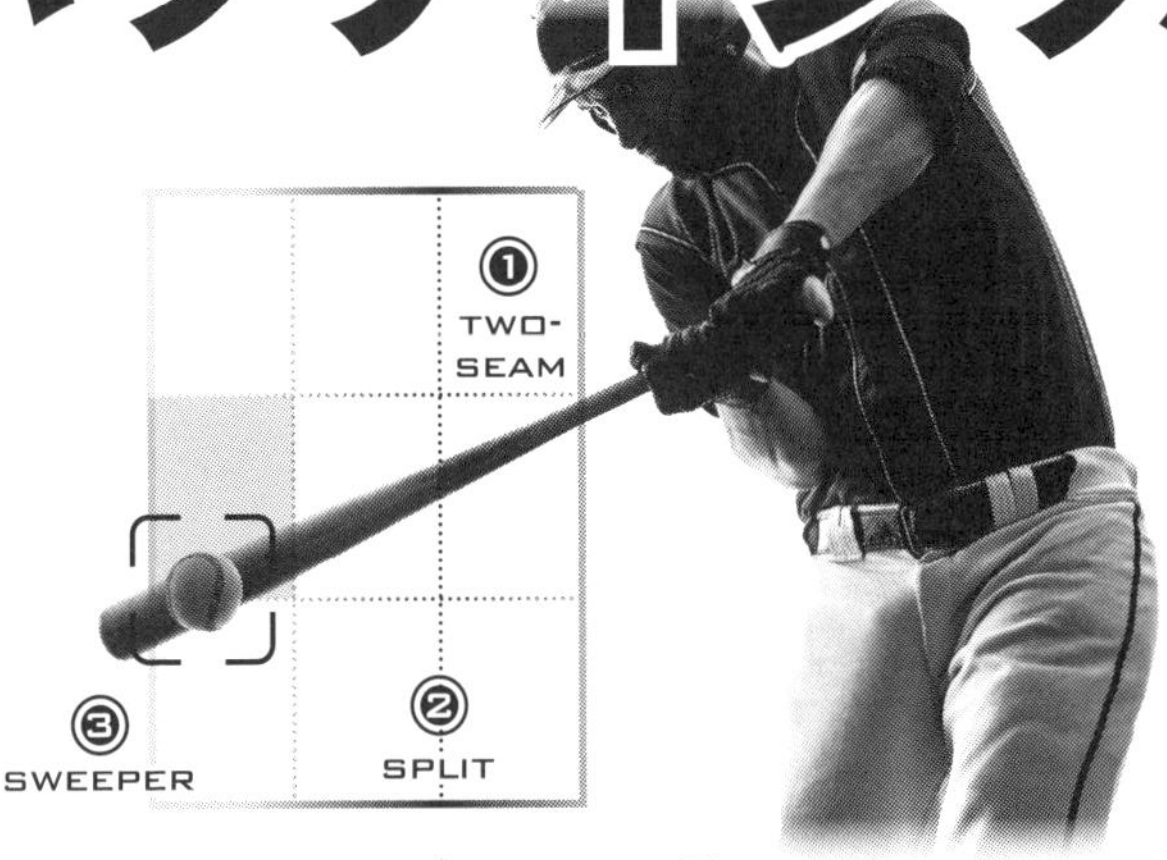

科学する

ボールを飛ばすメカニズム

著
筑波大学体育系教授
博士（コーチング学）
川村卓

アスレティックトレーナー
井脇毅

日東書院

はじめに

prologue

高校野球では新しい低反発のバットが導入され、バッティング技術が大きく変わろうとしています。打球が飛びにくくなったため、パワー頼みのスイングではなく技術も求められています。そのため現場の指導者からは、「どのように対応したらよいのか」といった質問が多く寄せられます。

こうした変化に対して私からいえることは、インサイドアウトと呼ばれるコンパクトなスイングをし、ミートポイントまでしっかりとバットを加速させていく技術は変わらないということです。つまりスイングの基本が今まで以上に大事になってきます。

本書ではインサイドアウトのスイングの習得や質の向上だけでなく、さまざまな研究結果からのデータを紹介し、いろいろな角度からバッティングを紐解きました。スイングの基本を身につけることはもちろんですが、より賢いバッターを目指してください。そして新しいバットにも対応できる優れたバッターを目指してください。

バッティングは対応の技術です。ピッチャーが投じるボールに対して、バッターにはいろいろな対応が求められます。このバッティングの本質を理解し、基本的なスイングだけでなく応用のスイングを身につけてください。本書がその一助となれば、大変うれしく思います。

筑波大学体育系教授　**川村 卓**

バッティングを科学する ボールを飛ばすメカニズム 目次

第1章

バッティングの原理原則

バッティングの本質は対応である

▶ バッティングの3つの制約

1 **バッターボックスのなかで行う**
➡助走はつけられない

2 **投手の投球に合わせた時間的制約**
➡140km/hであれば0.43秒

3 **ストレートだけでなく変化球もある**
➡タイミングが1つではない

制約のなかでヒッティングをする必要がある

バッティングの本質は「ピッチャーが投じるボールにどのように対応していくか」になります。制約のなかでスイングをする必要があるのです。この制約には、①バッターボックスのなかでスイングをするため、助走をつけてスイングスピードを上げることはできない、②ピッチャーが投じるボールに対して時間的な制約のなかで動かなければならない、③ストレートだけでなく変化球もあるため、打つためのタイミングは1つではない、という3つが挙げられます。このなかでも②の時間的な制約について、詳しく述べたいと思います。

13ページの図は、ピッチャーがボールを投じてからインパクトするまでの時間をまとめたものです。前提としてピッチャー

バッティングの時間的制約

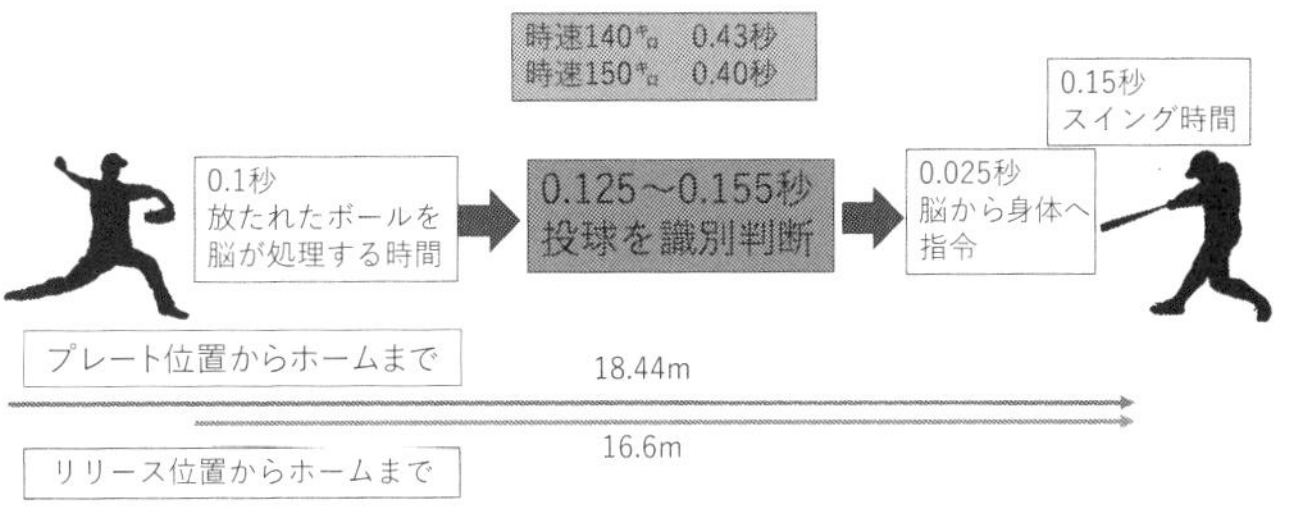

BUSINESS INSIDER HPのデータを改変

ボールが投じられてから判断しスイングを終えるまでの時間的猶予は上記のようになる

の身長を180cm程度と仮定すると、プレートからボールをリリースするまでの距離はおおよそ1・8mになります。つまりリリースポイントからホームまでの距離は、おおよそ16・6mです。もちろんリリースポイントには個人差がありますが、この1・8mに対して95％から105％ぐらいの間になるため、間を取って100％を目安にしました。

そして放たれたボールを脳が処理する時間が0・1秒であり、投球を識別判断する時間が0・125〜0・155秒になります。さらに脳から身体へ指令する時間は0・025〜0・03秒であり、スイングの時間が0・15秒となります。つまり指令を出してからスイングを終えるまでには、おおよそ0・175秒ほどかかることになります。投じられたボールの球速が140km／hであれば0・43秒、150km／hであれば0・40秒がバッティングをするための時間的猶予といえるのです。バッティングは対応する技術であり、このような制約があるという大前提を捉えておかなければならないのです。

対応力で変えられる要素とは

訓練で変えられる要素

☑ **スイングのスピード**

➡反復することで反射に近いような短い時間で行えるようになる

☑ **投球を処理する時間**

➡フォームの角度や読みによって時間を短縮することができるようになる

訓練によって短い時間で行えるようになる

先ほど述べた時間的制約ですが、このなかには訓練をすることで変えられる要素があります。もちろん0・40〜0・43秒という短い時間ですので、「変えたところで……」ということもいえますが、この点について述べておきます。

まずは脳から身体に指令を出す時間です。何かの刺激に対する人間の全身の反応時間はおおよそ0・3秒といわれています。そう考えると140km/hや150km/hの投球に対してスイングが間に合わないことになります。ところがこれを訓練、練習によって変えることができるのです。例えば大脳から神経を伝わって「手を動かす」という指令が伝達される時間は、先ほどの0・3秒になります。とこ

脳の大まかな役割

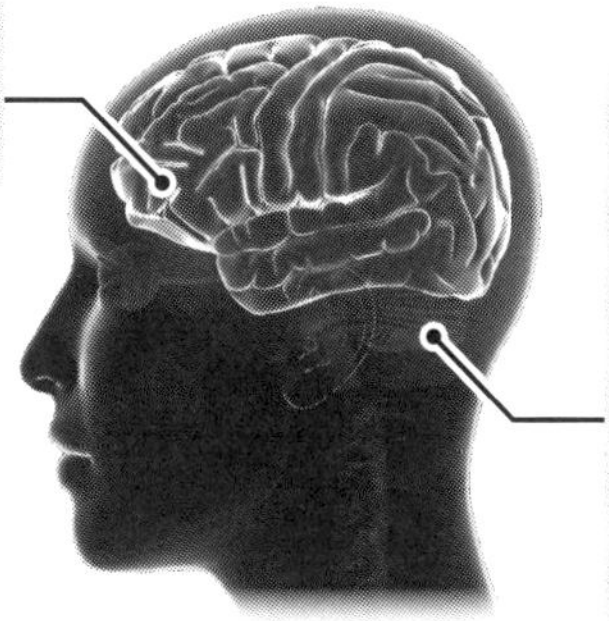
大脳
物を考えたり決断したりする知的な働きをする
小脳
歩く・走るといった運動をコントロールする。皮膚や筋肉からの情報を受け取り、歩く・走る・立つ・座るなどの運動がスムーズに行われるように指令を出している

脳からの指令

大脳から運動の命令が出されると、小脳は体中の筋肉に細かい指令を出す。同時にきちんと動けるようにコントロールし、バランスの調整も行う

ろがスイングを反復して練習していくと、大脳ではなく小脳など反応が早い部位から指令が出るような、反応に近い動きができるようになります。とても簡単にまとめていますが、練習によって動きの自動化のようなことができ、短い時間でもスイングができるようになります。その訓練によって習得した時間の長さが先ほどのスイングまでの時間である０・１７５秒になります。逆にいうと、これ以上速くすることは非常に難しくなります。

それからボールの処理に０・１秒とありましたが、これはピッチャーがリリースしたときに「ここからボールが出た」という処理をするための時間になります。右投げか左投げか、腕を振る角度によって異なります。しかし、経験を積んで的が絞れていれば「投げるボールがわかる」状態となり、スイングをするまでの余裕が持てるようになります。このような状態になるためには相当の訓練が必要ですが、理論上は可能だということになります。

バッティングはいくつもの矛盾をはらんでいる

▶ バッティングにはらむ矛盾の例

例1 ハードヒットするためには、バットを十分に加速してヘッドスピードを大きくする必要がある

矛盾 **加速させるためには時間と距離が必要。しかし投球を見極め、しかも球速が速いほど加速させるための時間は短くなる**

例2 投球に合わせてミートするには、バットの打撃面を調整する必要がある

矛盾 **バットを加速するほど高速になり、打撃面の調整は難しくなる**

例3 ホームランを打つためには打撃角度を上げる必要がある

矛盾 **打球角度を上げるためには、ボールの下からバットを入れる必要がある。しかしバットとボールの接点は線ではなく点に近くなるため、ミートが難しくなる**

相反する要素があることもバッティングの本質

バッティングには、いくつかの相反する要素である矛盾が出てきます。それをまとめたのが左上の図です。例えばハードヒット（ボールに強くバットを当てる）ためには、バットを十分に加速させ、ヘッドスピードを大きくする必要があります。その一方で加速させるためには物理の原則として、時間と距離が必要になります。つまり投球に合わせることと球速が速ければ速いほど、加速させるための時間がなくなってしまいます。

また投球に合わせてミートするためには、バットの打撃面を調整する必要があります。ところがバットを加速させればさせるほど、バットとボールを出会わせること

矛盾の克服のために考えるべきこと

打撃に不可欠な要素	方策	望ましい動き
スイング速度	加速を大きく 矛盾	加速距離を長く
スイング時間	見極め時間を長く	スイング時間を短く
正確なミート	当てるための バットの調節 矛盾	スイング速度は遅く
衝撃力	スイング速度を 速くして直衝突	投球軌道に即した バット軌道 矛盾
打球角度	長打のフライを打つために ボールを下から直衝突	投球軌道よりも 下からの軌道

相反する要素が含まれていることもバッティングの本質の1つといえる

が困難になってしまいます。これも矛盾の1つです。

さらにホームランや長打を打つためには、打急角度を上げる必要があります。打急角度を上げるためにはボールの下側にバットを入れる必要がありますが、こうなるとインパクトする位置が線上ではなく点に近くなってしまいます。つまりミートが難しくなるのです。

それから正確にミートするためには、スイング速度が遅いほうが正確性が上がります。極端な話、バットにボールを当てることだけを考えるとバントが最も確実になります。ところがボールを遠くに飛ばそうとすると、スイングスピードを速くする必要があります。そのスイングを上げるためには先ほど述べたとおり時間が必要ですが、ボールをしっかりと見極めるためには、スイング時間を短くしたほうベターです。このようにバッティングとは、いろいろな矛盾や問題点をはらんだなかでどのように打つのかということが本質だといえるのです。

直衝突とボールをミートしやすいスイング軌道

直衝突とは

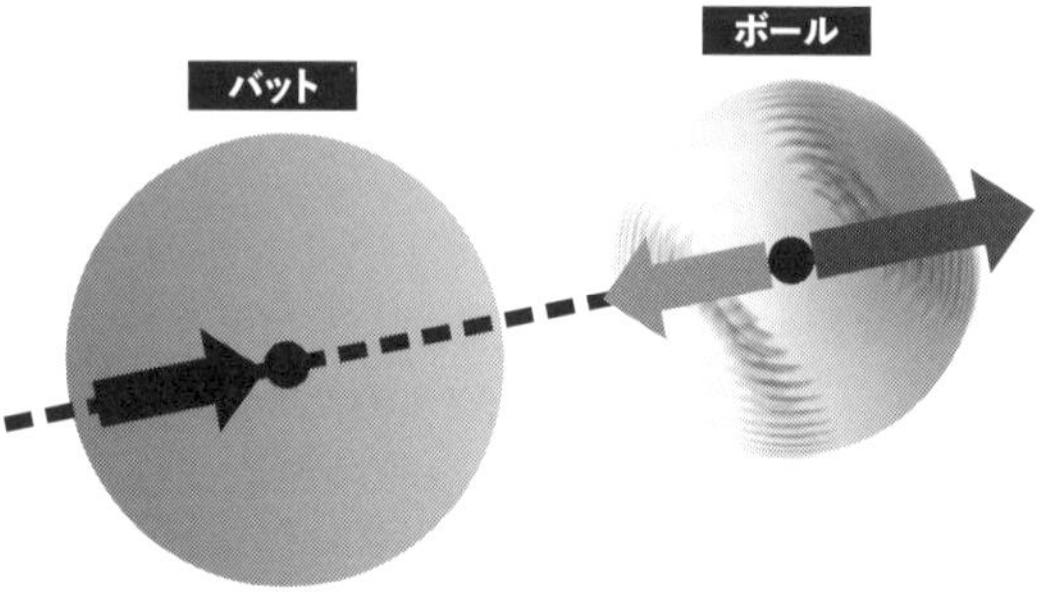

バットの中心とボールの中心が同一線上でぶつかると最も衝撃力がある

投じられたボールは4～7度落ちる

　バットとボールがぶつかる「直衝突」について触れておきます。直衝突とは上の図のイメージで、バットの中心とボールの中心が同一線上でぶつかることを指します。基本的に円筒のバットと球状のボールがぶつかるためこのような関係性になり、この線上にバットの中心が近いほど、直衝突をするルートのずれが生じにくくなります。つまりボールをミートできる確率が高くなります。

　また一般的に球速が140㎞／hのストレートでは、ボールはバッターの手元に届くまでにおおよそ4～7度くらい落ちるといわれています。そのためバッターは、バットのスイングの角度を4～7度上方にしたスイングを

インパクトパラメータ

	ヘッドスピード (km/h)	スイングの角度 (度)
レギュラー選手A	142.7	5.8
レギュラー選手B	144.9	6.0
控え選手A	144.7	-1.2
控え選手B	140.1	3.1
控え選手C	138.3	9.0
控え選手D	150.6	2.6

レギュラー選手のバットのスイングの角度は4〜7度上方ということが示されている

すれば直衝突が起きやすくなり、ミートの誤差も少なくなります。

上の表はプロ野球選手たちが置きティーで打った際のデータの一部です。プロ野球選手でもヘッドスピードはこのくらいのばらつきがありますし、タイプによって長打やホームランを期待されている選手もいれば、出塁率を期待されている選手もいます。そのため一概にはいいにくい要素もありますが、1軍のレギュラー選手のバットの進入角度は4〜7度でした。これは先ほど述べたとおりで、ミート率を上げるためにはこの4〜7度上方への進入角度でバットを振れることが1つの基本といえるでしょう。

次のページで詳しく説明しますが、打球の飛距離を伸ばすためには、ボールに対して強い力が加えられることと、適切な打球角度が必要になります。そのことをより理解するためにはここで紹介した直衝突という現象と、基本となるスイング軌道を知っておいてください。

図1 バレルゾーンとは

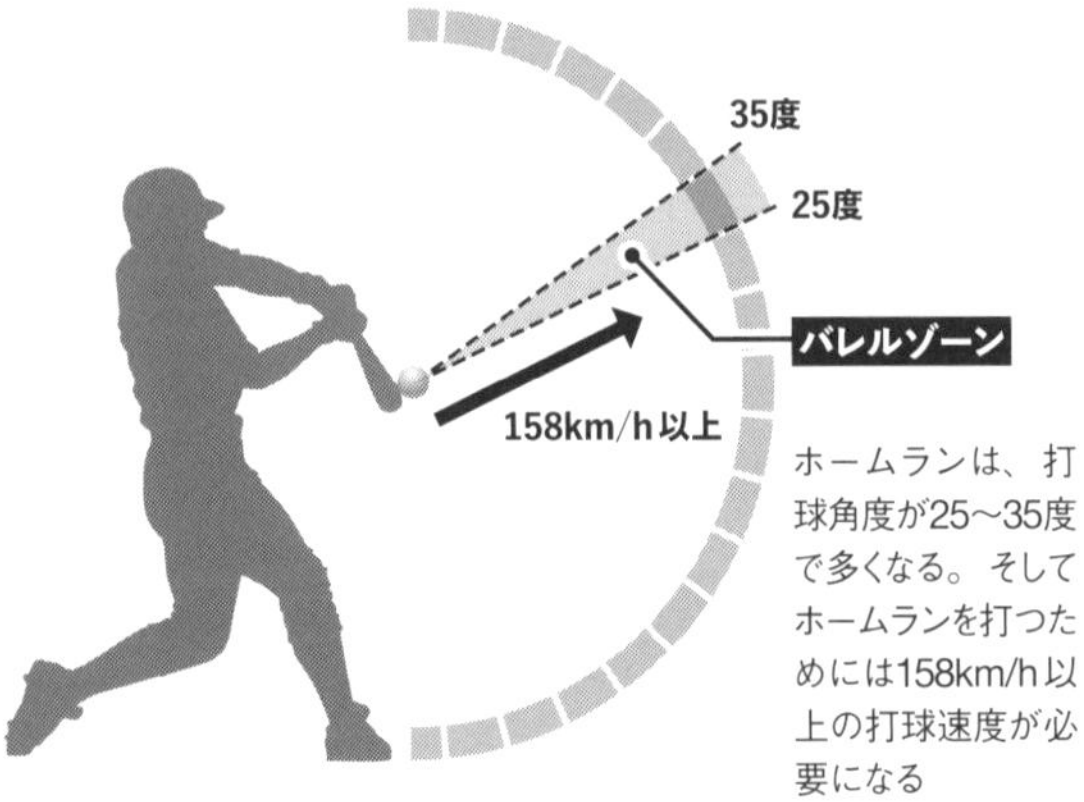

ホームランは、打球角度が25～35度で多くなる。そしてホームランを打つためには158km/h以上の打球速度が必要になる

飛距離を出すための基礎知識

長打に必要なバレルゾーンとは

18ページの直衝突で「4～7度上方の進入角度でバットを出す」と述べましたが、飛距離を考えたときにこの角度では足りないといえます。この角度でインパクトをすると、内野の頭を超えるか超えないかくらいの当たりになるからです。飛距離を考えた場合、近年さかんにいわれているフライボール革命を思い浮かべる方もいるでしょう。フライボール革命とは、「フライを打ち上げたほうが、ライナー性のインパクトよりもヒットの確率が上がる」という考え方です。図1のように打球速度が１５８km／h以上であれば、打球角度が25～35度になるとホームランが多くなります。そしてこの「ホームランやヒッ

図2 どのようにして飛距離のあるフライを打つのか

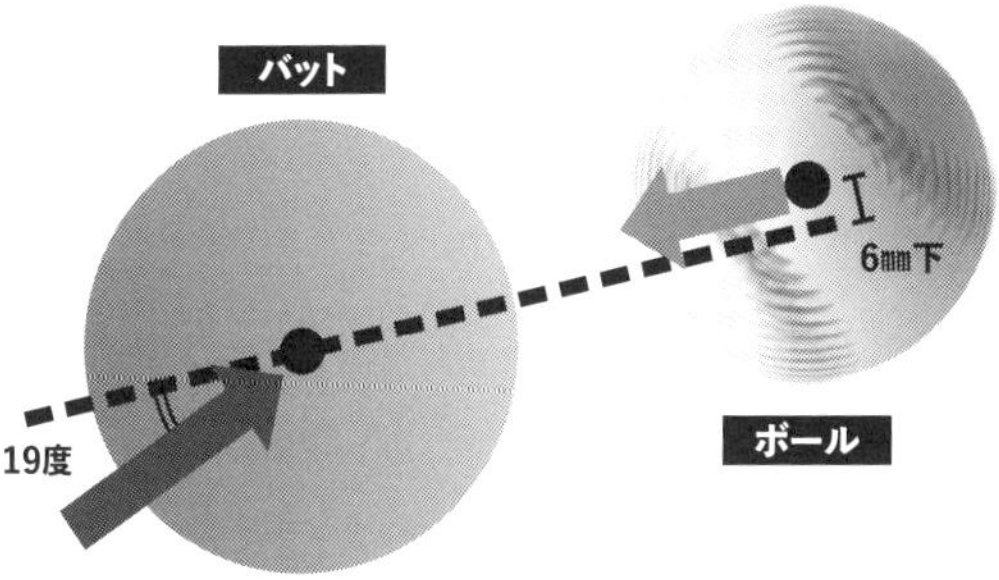

理論上はボールの中心から6㎜下を、19度下からインパクトすると飛距離が最大化する。ただしこれは理論値であり、実際にはいろいろな要素が絡んでくる

トを打つために重要な打球角度と打球速度」のことをバレルゾーンと呼びます。

では、どのようにしてフライを打つのかについても触れておきます。図2はSawicki《サヴィツキ》という方が出した理論値で、「ボールの中心から6㎜下を19度下からの角度で打つと飛距離が最大化する」というものです。とはいえ実際のバッティングでは、いろいろな要素が加わります。その1つがバックスピンであり揚力です。

ボールに揚力がかかると、ボールの滞空時間が長くなります。ところがバックスピンがかかるほど、きちんとインパクトしづらい（ボールにバットが当たりにくい）可能性が高まります。するとボールに与えるエネルギーが減少することになり、飛距離が出ないフライになってしまいます。そのため実際のバッティングでは、バックスピンや揚力の量をどの程度にするのかという頃合いが必要になります。

ヒットを打つための打球角度は15度程度

▶ 数値上の空論と事実（これまでのまとめ）

- ☑ バットの力を100%近くボールに伝えるには直衝突
- ☑ 投球はホームベース上では4〜7度落ちてくる
- ☑ 理論上はインパクトゾーンを4〜7度上げることで直衝突ができる

➡ しかし4〜7度の打球角度はヒットが出にくい

- ☑ ライナーヒットの打球角度は10〜20度（平均は14度程度）
- ☑ 長打の打球角度は20〜35度（平均は25度程度）

➡ これらを総合すると4〜7度で振り上げてボールのやや下を打つ。すると15度程度の打球角度になる。こうした打球角度で打つ練習をする

※長打を狙う場合には、さらに打球角度をつける

15度程度でボールとバットを直衝突させる

無双の活躍をする大谷翔平選手の場合は、アッパースイング角度（※）が14〜15度といわれ、理論値の打球角度と近い打球となります。しかし彼の三振する姿を目にすることも多くあります。これはボールに対して下からバットを出すため、捉える場所が一点しかないからです。つまりバットにボールが当たる確率が低いのです。バッターはやはり、まずはヒットを打ちたいですから、これまでの理論と併せて、ヒットを打つための考え方を紹介します。

ここまで、直衝突＝ボールに１００％に近い力を伝えるためには、バットを4〜7度下からボールに当てることと、飛距離が出る打球角度は20〜35度（平均は25度、ホ

大谷選手のスイングのアッパースイング角度は14～15度と理想に近い

ームランの打球角度は25～35度）と述べてきました。一方でヒットを打つためには、ライナー性のヒットであれば、打球角度が10～20度（平均は14度）になります。こうした要素をあわせて考えると、ヒットを打つためにはバットをボールの4～7度下から振り上げ、ボールのやや下を打つ打球角度15度程度のバッティングが理想といえます。

ただしバットには重量があります。このバットを下から振り上げ、点ではなく線に近い軌道でインパクトさせるためには、打ち方にも工夫が必要になります。それがインサイドアウトというスイング（24ページ）です。現場ではコーチが「上から叩け！」などの声がけをすることがあります。これは事実としては間違っているのですが、打急角度を上げようとして下からバットを出してしまうような選手に対しては、あながち間違いではありません。このあたりも本章で理解を深め、よりよい表現をしていただけたらと思います。

※インパクト時にバットのヘッドが水平に対して向かう方向を表す

理想となるインサイドアウトのスイング

▶ インサイドアウトのスイングとドアスイングの違い①

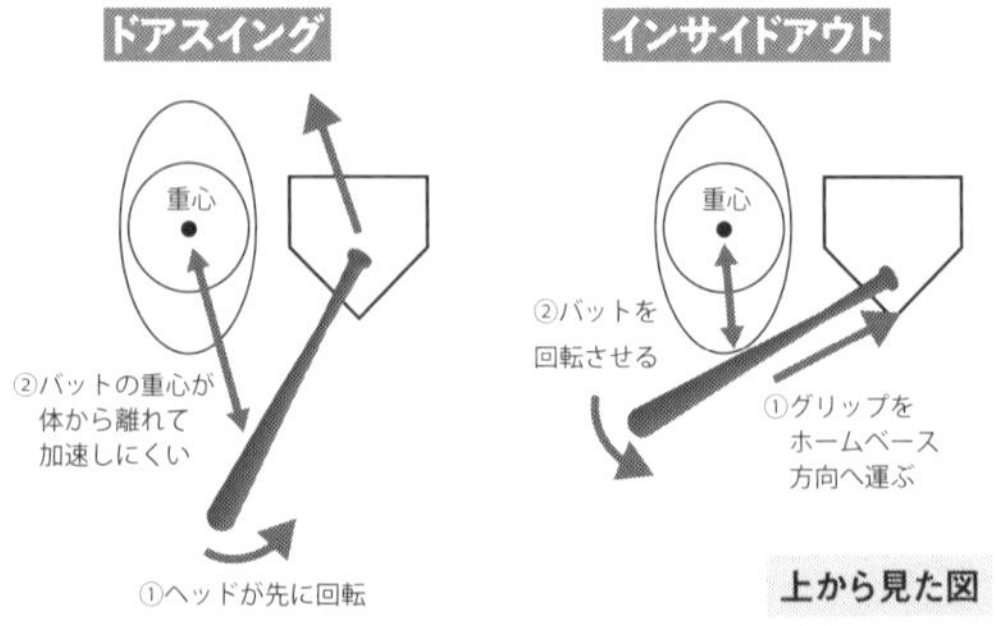

比較としてエラーが起こりやすいドアスイングの動きも載せている。インサイドアウトのメリットを感じてもらいたい

操作性と加速性、調整力を兼ね備えたスイング

バットのグリップを先に出してからヘッドを回していく動きがインサイドアウトのスイングの特徴です。グリップを先に出すことの何がよいのかというと、バットの重心と身体の重心が近いため、この状態で身体を回旋させるとバットが身体についた状態で出てきます。つまりバットの重さをさほど感じずにミートポイントまでバットを運ぶことができるのです。さらにそこからヘッドを回転させることでバットを加速させます。短い距離でもスイングを加速させ、ヘッドスピードを上げることができるのです。

当大学のスポーツ工学の先生とスイング速度を高める要因の研究をしたことがあります。その結果、バットの重さ

インサイドアウトのスイングとドアスイングの違い②

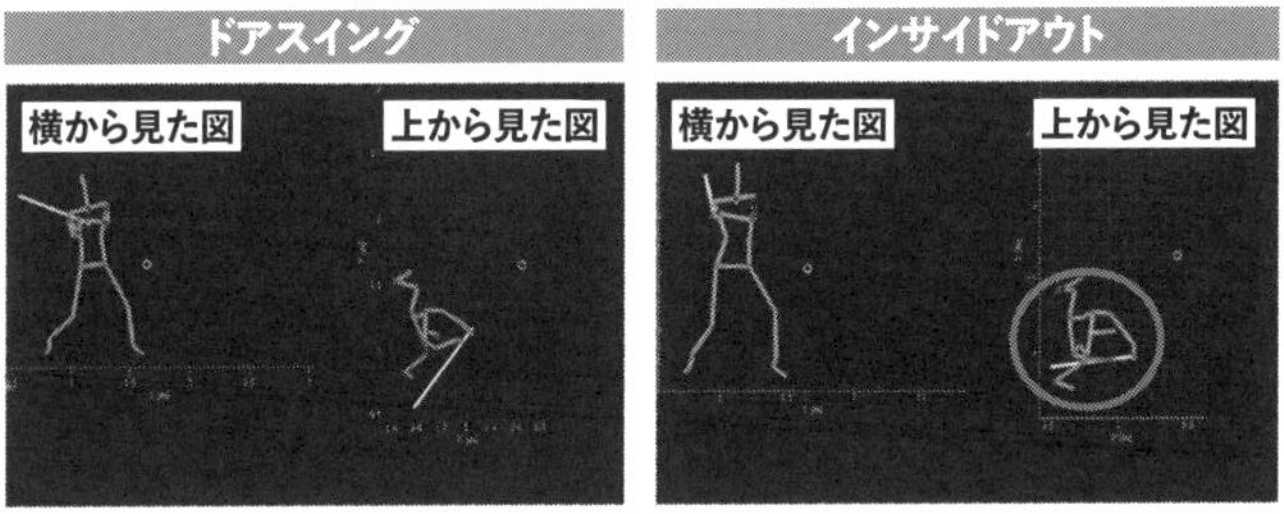

モーションの解析で両方のスイングを比べると、スイングを始動した同じ局面が右のイラストと同様の状態になっていることがわかる

による遠心力によって加速することがわかりました。ただしこの遠心力は一度始動してしまうと調節が難しくなります。これがインサイドアウトのスイングではボールが来るギリギリまで加速させずにバットを操作し、インパクトの直前で一気にバットを加速させることができます。操作性がよく、遠心力を最大化できる効率のよいスイングだといえるでしょう。

　とくに近年は高速スライダーやカットボールのように、バッターの手元で小さく変化する変化球が増えました。そして、こういった球種は総じて球速が速いボールです。そのようなボールの変化に対しても、インサイドアウトのスイングであれば投球の軌道上にグリップをコンパクトに運ぶことができます。つまり、いろいろな球種に対しての対応力も高いスイングでもあるのです。ただし、大学生でも身につけることが難しいスイングになります。そのため本書などを参考に、しっかりと練習してください。

インサイドアウトのスイング（モーション解析）

- ☑ スイング速度を速くするにはバットを加速させる距離が必要
- ☑ ピッチャーの投球を判断するには時間の制約があり、スイング時間を短くできれば判断の時間が増える
- ☑ スイングをコンパクトにしてバットを加速させる距離を確保するにはどうすればよいのか

➡ この矛盾を克服するのがインサイドアウトのスイング

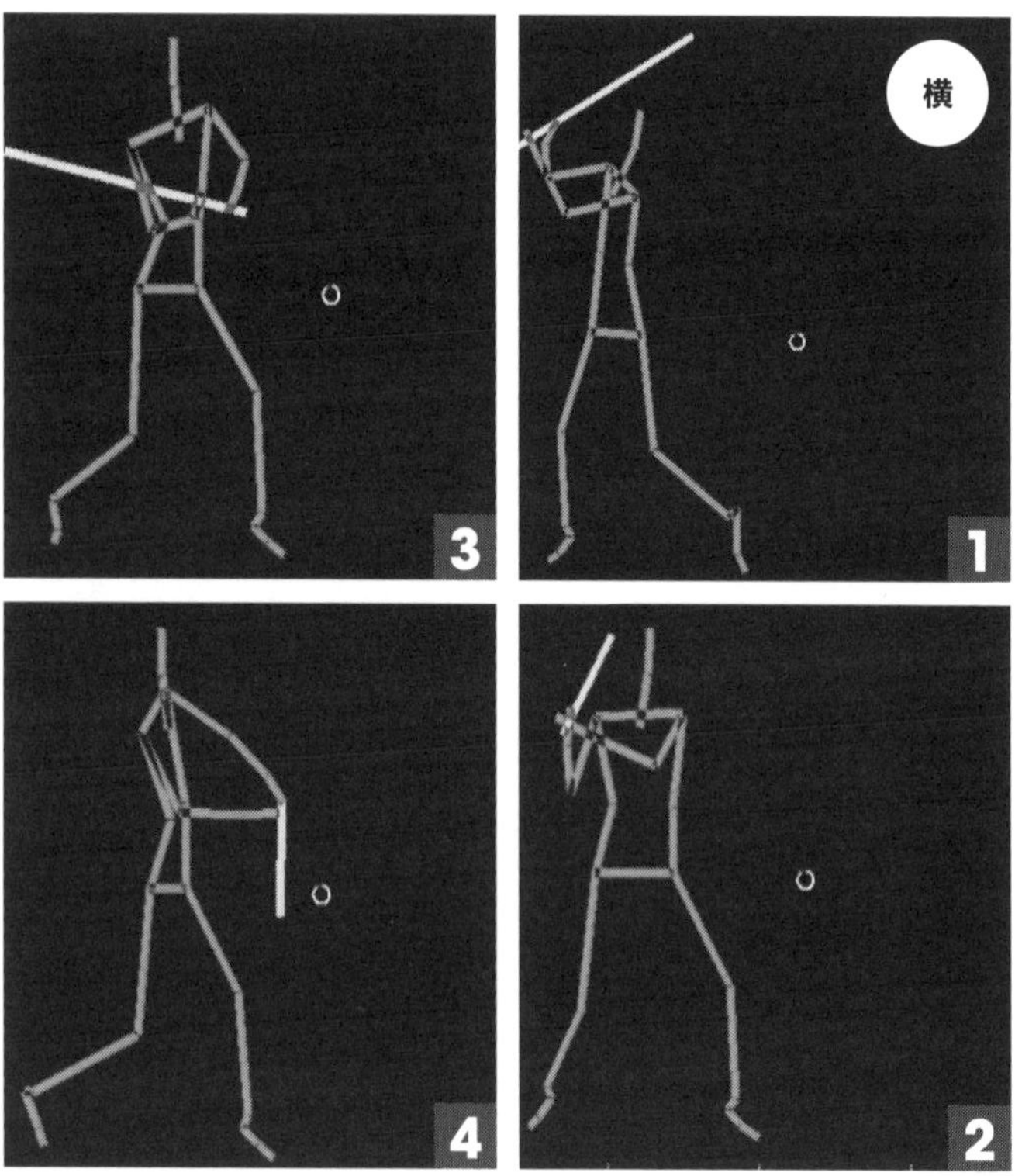

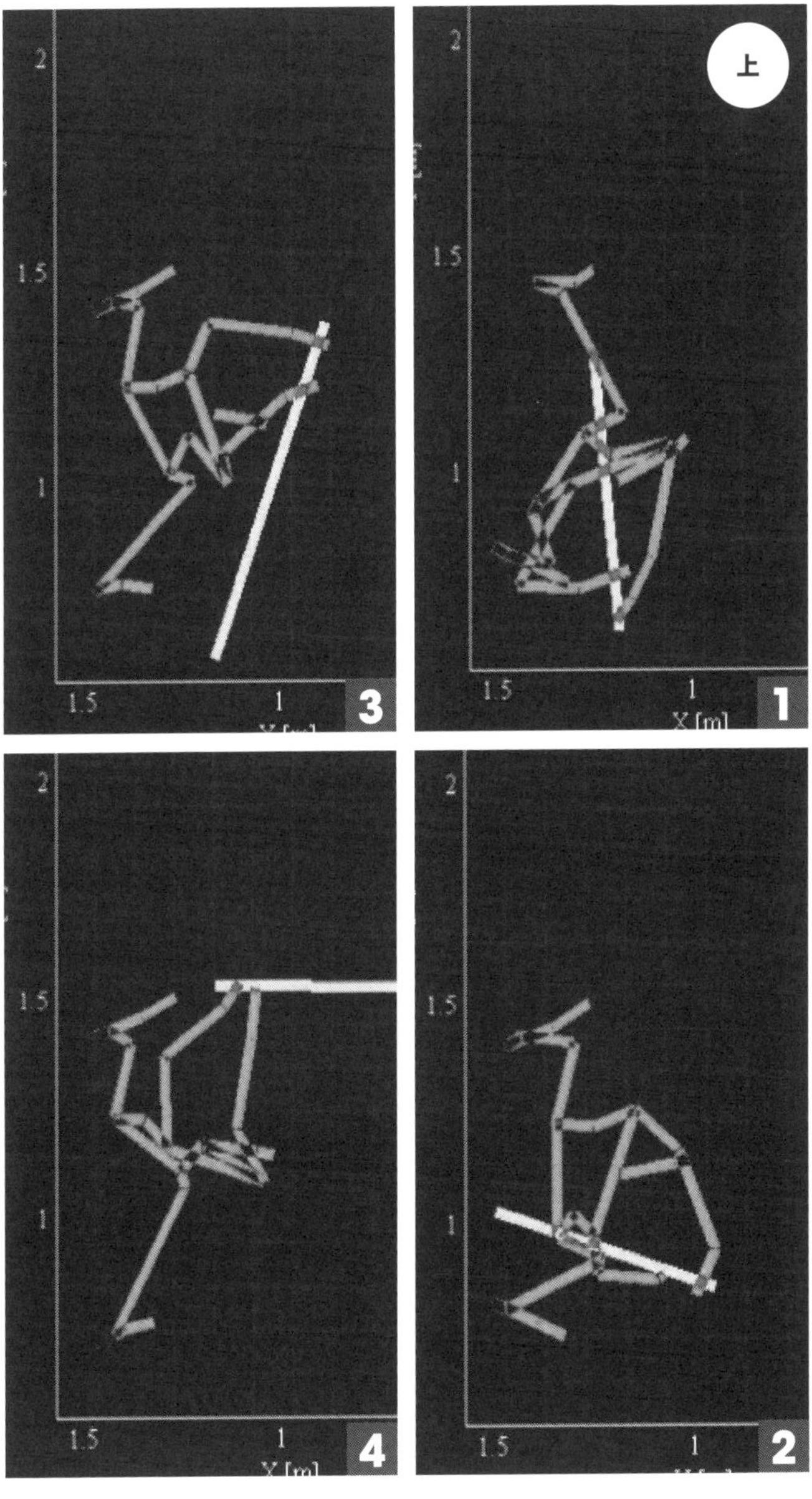
上
3
1
4
2

ミートするためのスイングのスピードとは

表1 スイングスピードの必要性

実際の投球におけるミートポイント付近のスイング速度			
	バットスピード	ヘッドスピード	置きティー+10
スタントン	125	148	158
アクーニャ	123	147	157
ジャッジ	123	146	156
大谷翔平	122	146	156
アルバレス	122	145	155

km/h

スイングの速度は速いほうがよい反面、投球に対して調節をする必要がある。なお、バットスピードは、インパクト時のスイートスポット（芯）の速度を表している。MLBでよく使用される。またヘッドスピード（バット・ヘッドスピード）は、バットがボールに当たる瞬間の速度を表している。日本の研究などでよく使用される

ピッチャーが投じたボールにはスイングのスピードの調節が必要

上の表1は、MLBの公式サイトに掲載されていたプレーヤーごとのバットスピードランキングで、ミートポイントのスイングのスピードを計測したものです。我々は通常ヘッドスピードを計測するのですが、これはミートポイントのスピードよりも25km／h程度速くなります。

この表を見ると、最も速かったのはスタントン選手で、バットスピードは125km／h。ヘッドスピードに変換するとおおよそ148km／hになります。また表の右側に「置きティー＋10」という表記がありますが、置きティーは投球に対するヘッドスピードが10～15km／h速く

図1 2つのバットの運動

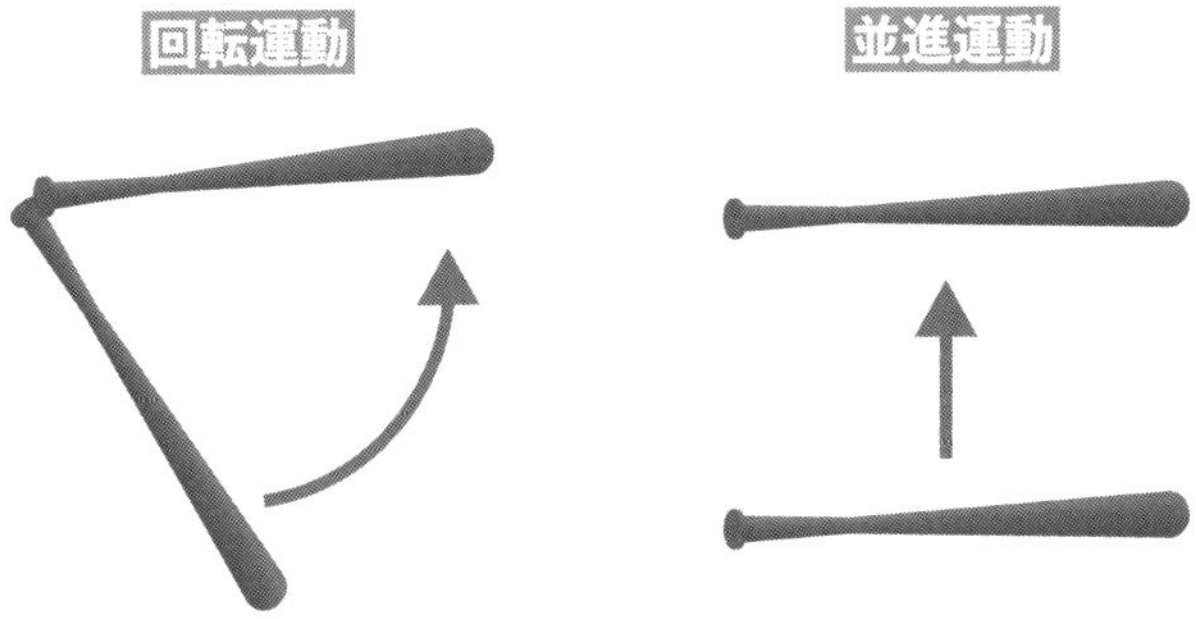

スイング速度は回転運動で生まれる（遠心力を大きくする）

インパクト直前で打球方向へバットが並進（真っすぐ）に進む局面がある（ミートする確率が高くなる）

なります。なぜなら置きティーの場合にはコースや球種を気にせず、全力でスイングができるからです。ちなみに置きティーのスイングのスピードは、打ち返したいピッチャーの球速程度は欲しいものです。高校生であれば基準が１３０km／h程度ですから、そのくらいのスイングのスピードが理想になります。

さてこの表で何を伝えたいかというと、バッターは投球に対してスイングのスピードを落としているということです。その理由はピッチャーが投じるボールに対しては、調整する必要があります。その結果としてスイングのスピードが遅くなるのです。全力でスイングをしてしまうと、バットにボールが当たる確率が低くなってしまいます。そこでこのような調整をしているのです。

ではどのようにしてスイングのスピードを上げるのかというと、２つのバット運動を使います。それが図１で、１つは回転運動、もう１つは並進運動になります。先ほ

図2 ヒットとファウルの差

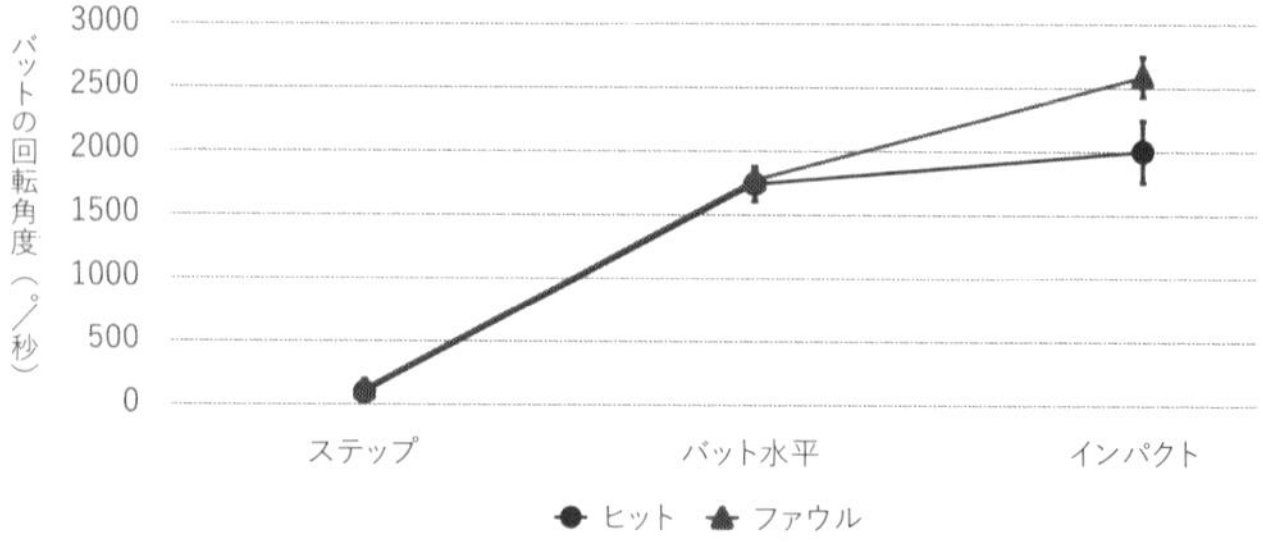

ファウルや打ち損じが多いバッターは、インパクトまでの間にスイングスピードが上がっており、回転運動の大きいスイングをしている可能性が高い

ど述べたように、スイングのスピードを加速させる主なバット運動は遠心力が生まれる回転運動です。そして回転運動でバットを加速させた後、インパクトの前後でバットを並進運動させます。このようにすることでボールを捉える確率が高くなるからです。

ヒット時はバットの動きがゆっくりに見える!?

上の図2は、同じ選手の打球がヒットとファウルになったときのスイングのスピードを比較したものです。縦軸がバットのスイングのスピード、横軸がバッティングの3つの局面になります。ステップ時はバットが動かないためスピードは0ですが、そこから回転運動によってバットを加速させ、途中から並進運動が加わります。そしてインパクトを迎えるのですが、ヒットよりもファウルのほうがスイングのスピードは速くなっています。この検証時にバッティングを見ていたのですが、ファウル

図3 バットの並進運動

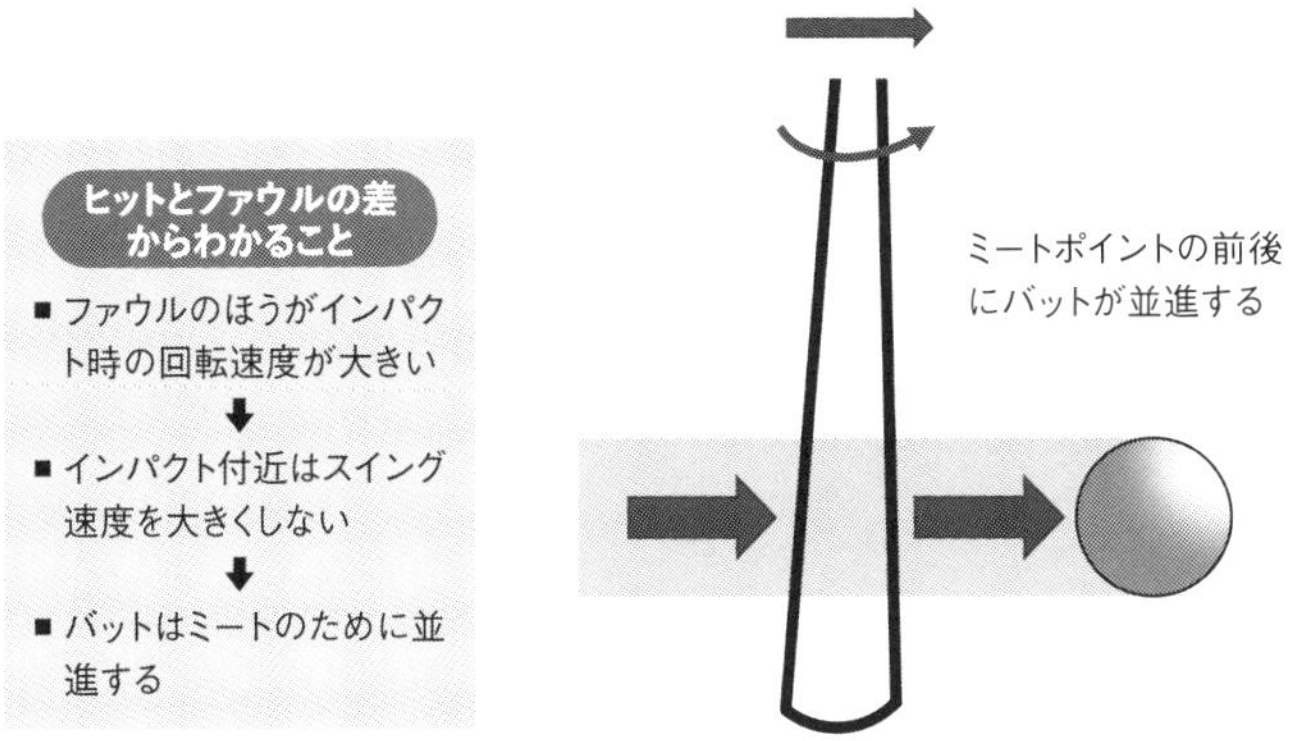
ヒットとファウルの差からわかること
■ファウルのほうがインパクト時の回転速度が大きい
■インパクト付近はスイング速度を大きくしない
■バットはミートのために並進する
ミートポイントの前後にバットが並進する

のときはスイングが大きくなってしまい、インパクトに間に合わせようとして無理やり回転させるようなスイングでした。私は当初、逆の予想をしていたのですが、ここで述べたことを裏付ける結果でした。

　ヒットになったバッティングを見ていると、インパクトまでがゆっくりに見えることがあります。これはバットが回転運動から並進運動に変わるため、そのように見えるのでしょう。逆にフリーバッティングではよく打てるものの、試合では打てない選手は最後まで回転運動の大きなスイングをしているケースが少なくありません。

　繰り返しになりますが、インパクトの付近ではバットの回転速度を大きくせず、並進運動をさせたほうがバットにボールを当てるという意味では理にかなっているのです。

コラム
COLUMN

バットの重心位置はスイングに影響する

2022年、高校野球で使用するバットが新基準の低反発バットになることが発表され、２年間の移行期間を経て2024年春から完全に移行されました。

バッティングを考えるうえで、マテリアル（バット）の影響はとても大きいものがあります。その１つがバットの重心です。大きく分けて、重心の位置がバットの上部にあるトップバランス、中間にあるミドルバランス、下部にあるカウンターバランスという３つがあります。最近の高校野球のバットは、以前と比べてカウンターバランスになっていることが多いと感じます。

バットには重量があり、スポーツで使う道具のなかでは重い部類になります。昔は重心がヘッド側にあるバットが多かったため、スイングをするとヘッドが下がりやすかったものです。それがカウンターバランスになるとヘッド側が軽いため、スイングスピードが速くなりやすいのです。その一方でトップ側が軽いため、強打を生み出す重さなどが欠ける可能性もあります。

一番問題になるのは、バットの重心位置が変わるとバッティング技術にも修正が必要になることです。こうした知識がないと、「なぜか打てない」「打ち損じが増えた」などの影響が出る場合もあります。金属バットであれば重心の位置を調整することもできるため、自分に合ったバットの重心位置を把握することで、よいバッティングにつながります。

第2章

スイング時の基本的な身体の使い方

左右の腕と手の理想的な使い方

図1 右肘をたたむ動き

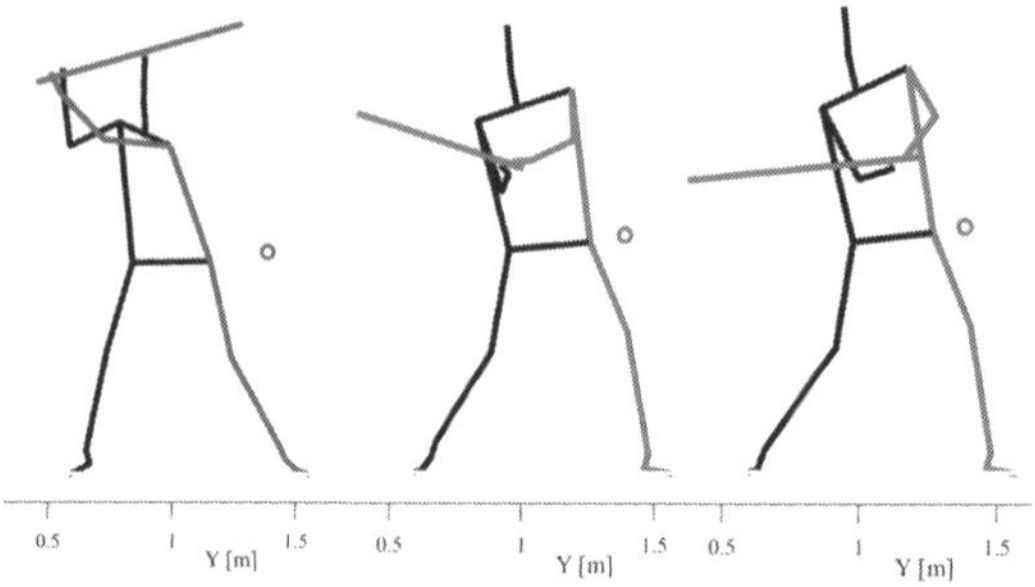

右腕はとくにスイングの前半、ほとんど力は発揮しておらず、脇が締まった状態を保っている

利き手がトップハンドの場合は力を入れない意識が大切

このパートでは、スイング時の身体の使い方とポイントを述べていきます。まずは上肢です。

上の図1のように右バッターであれば右肘のたたみができていると、バットが身体から離れにくくなります。つまりパート1で紹介したインサイドアウトのスイングがやりやすくなります。以前、博士論文で右手と左手の使い方について執筆したことがあります。そこで左右の握力や腕の筋力の使い方を測定できるバットを作ってもらったのですが、よいバッターになればなるほどとくにスイングの前半は、腕や握力に強い力が加わっていないことがわかりまし

福岡ソフトバンクホークスなどで活躍した内川聖一氏は肘のたたみが非常に上手な選手の1人である

た。脇を締めるような動きで腕を身体につけていたため、余計な力がかかっていなかったのです。そのような動きができると身体にバットが近づいた状態を保てるため、理想のスイングがしやすいのです。

　ところが右腕や右手（トップハンド）に力が入ってしまうと、スイングを始動した際にバットが回転し始めてしまいます。そうするとバットの移動量が大きくなり、インパクトしたい場所へ正確にバットを運びにくくなるのです。

　私自身が選手時代にそうでしたが、右投げ右打ちの選手はどうしても右手の力が強くなり、器用に動かせます。そうなるとスイング時にも右手に力が入りやすいため、先ほど述べたようにバットが遠回りの軌道を描きやすくなります。そのようなスイングにならないためには、繰り返しになりますが腕に力を入れずに脇を締めた状態を保つこと。これはインサイドアウトのスイングをするうえで大切なポイントであり、押さえておきたいコツになります。

図2 引き腕は体幹の回転エネルギーをバットに伝える

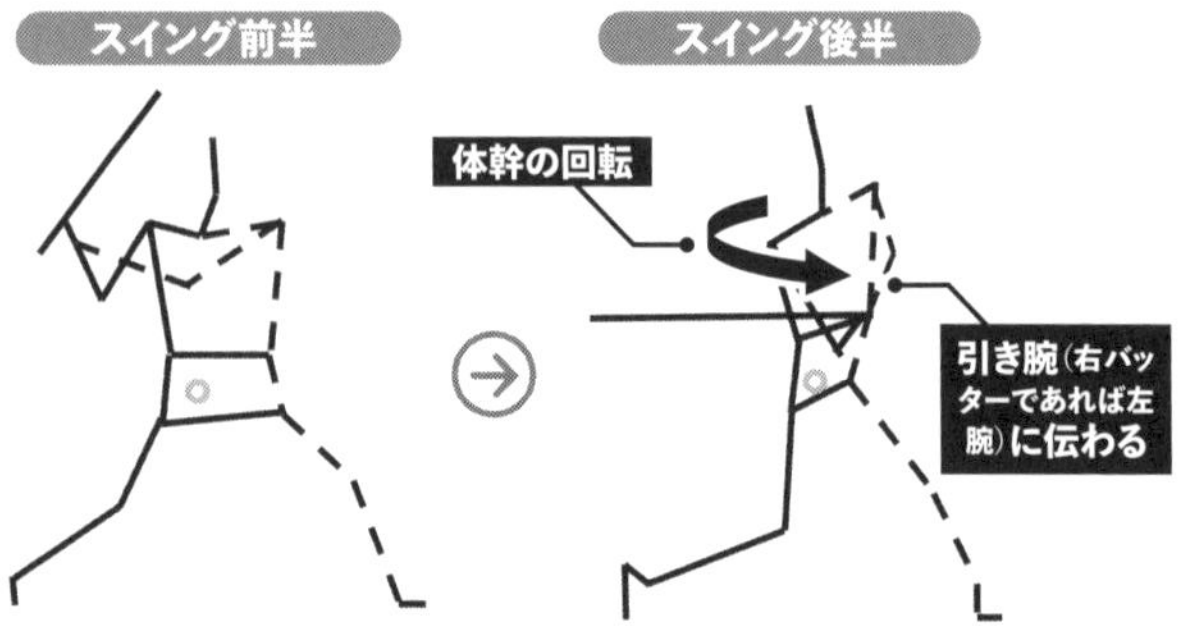

体幹に近いところに引き腕があったほうが力は伝わりやすい

ボトムハンドは伸ばしてバットを引っ張る

続いて利き腕と逆の引き腕（右バッターであれば左腕・ボトムハンド）の役割について述べます。ボトムハンドはバットを引っ張る役割があり、非常に大きな力が出ていることがわかりました。さらに、体幹が回転するエネルギーをバットに伝える役割も担っています。先ほどの右腕の話とあわせると、右腕はほとんど力が入っていないたたまれた状態で、左腕は力を入れながら伸びていきます。この動きと同時に身体の回転が起こりますが、バットは引かれて身体の近い位置にある状態です。そうすることで回転のエネルギーをバットに伝えることができるのです。この引き腕の動きもバッティングにおいて大切なコツになります。私がこの事実に気づいたのは先ほどの研究によるところですが、きっかけはノックでした。ノックは利き腕で打つのではなく、引き腕を伸ばすようにして打ちます。選手時代に右手の力で打っていた（左右の筋力差が大きかった）ことがよいバッティ

とてもしなやかなスイングをする山田哲人選手。高めを打つ場合もバットのヘッドは下がるため、トップハンドを使ったスイングの軌道調整が必要になる

ングができなかった原因かもしれないと思い、両腕の役割に着目するようになったのです。バッティングにおいては、引き腕をしっかりと使えるようになることはとても重要です。

さて、左右それぞれの腕の役割を述べてきましたが、「トップハンドは何もしないのか？」と疑問を持たれた方もいるでしょう。この手はスイングの後半に活躍します。バットはスイング中にヘッドが一度下がります。その下がったヘッドをボールの軌道に対して入れていく軌道修正にトップハンドを使います。簡単にいうとヘッドを立て、バットを走らせるタイミングを取る役割を果たします。

もう少し詳しく述べます。重量のあるものが一度下がってしまった場合、筋力によって引き上げることは非常に難しくなります。ところがすでに述べたように、バットを加速させるためには遠心力を使います。そして、遠心力をうまく使うためには重力によってバットが下がる動きを利用します。この動きによってヘッドが下がるのですが、バットとボールの軌道をあわせてインパクトするためには、ヘッド（バット）の軌道を修正する必要があります。そこでトップハンドを使うのです。トップハンドに力が入っているとヘッドが下向きに下がってしまいます。ところがトップハンドに力を入れずに脇が締まっていれば、肘が身体についているためヘッドが立った状態を保て、バットを走らせることができるのです。インサイドアウトのスイングで、アウトの際のタイミングを計る役割ともいえます。

右投げ右打ちと右投げ左打ちの違い

右利きの右投げ右打ちはトップハンドが右手になるため、スイング時に力が入りやすくなります。その一方でトップハンドを器用に動かせるため、バットの軌道調整がうまくできるのです。このタイプは、ライト方向（逆方向）へのヒッティングが得意な選手も多いでしょう。それに対して右利きの右投げ左打ちの場合はトップハンドが左手になります。そのためスイング時に力が入りにくく、ある意味で理にかなったスイングがしやすいといえます。ただし先ほどと逆でトップハンドが利き腕ではないため、バットの調整力が下がります。つまり逆方向へのヒッティングが難しくなるのです。金属バットであればバットに方向づけをすることで逆方向に飛ばすことができます。ところが木製バットでは左手による方向づけがより必要になるのですが、利き手ではないために飛距離が出なくなりがちです。右投げ左打ちの選手で逆方向に打てる選手は非常に少なくなります。イチロー選手や大谷翔平選手の活躍もあり最近では左バッターが増えましたが、左右でこのような違いがあることもバッティングの面白さの1つだと思います。

すべての方向にまんべんなくホームランを打てる大谷翔平選手は、ここで解説した内容から考えても特別なことができる選手といえる

体幹のねじり戻しはスイングスピードに直結する

イラスト1　胸郭の回旋はねじり戻しに必要

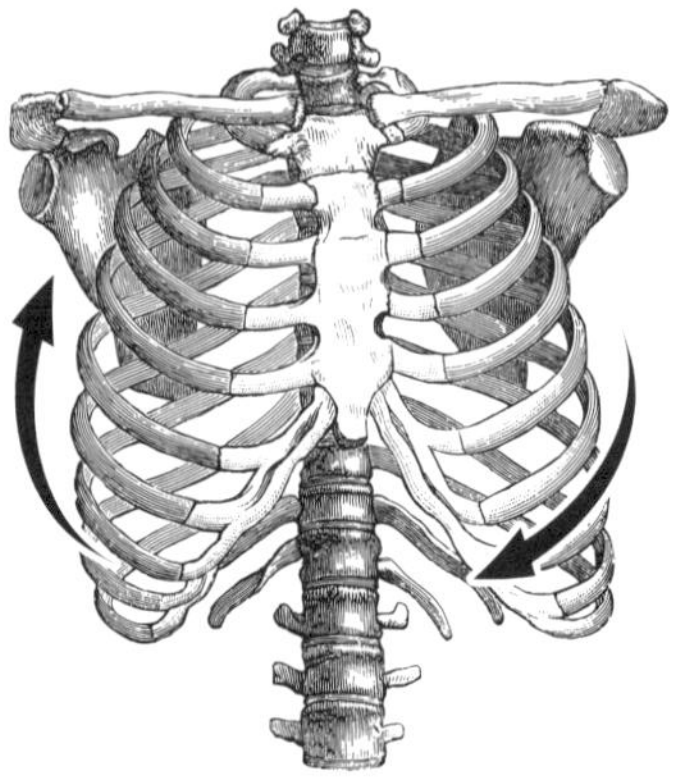

胸郭を回旋することによって一瞬の割れと素早いねじり戻しが可能になる

体幹のねじり戻しはスイングのキャンセルにも必要

　バッティングでは体幹の使い方が非常に重要です。この動きはピッチングでも使いますが、バッティングはより短時間で行う必要があります。そこでポイントになる動きが「ねじり戻し」であり、この動きの速さがスイングスピードと相関があるといわれています。体幹のねじり戻しには、胸郭の回旋が重要です（イラスト1）。

　トップを作る際に、上半身はキャッチャー方向、踏み出す脚はピッチャー方向に出す「割《わ》れ」があります。この割れを一瞬で作り、胸郭の回旋によってスイングスピードを上げるのです。表1は3人のプロ野球選手のスイングスピードを比較したものです。ハイレベルで活躍している選手

体幹のねじり戻しの速度はスイング速度に直結する

表1

体幹のねじり戻し捻転速度	
新人NPB選手	273°/秒
MLBで活躍する日本人選手	424°/秒
トリプルスリーを達成したNPB選手	502°/秒

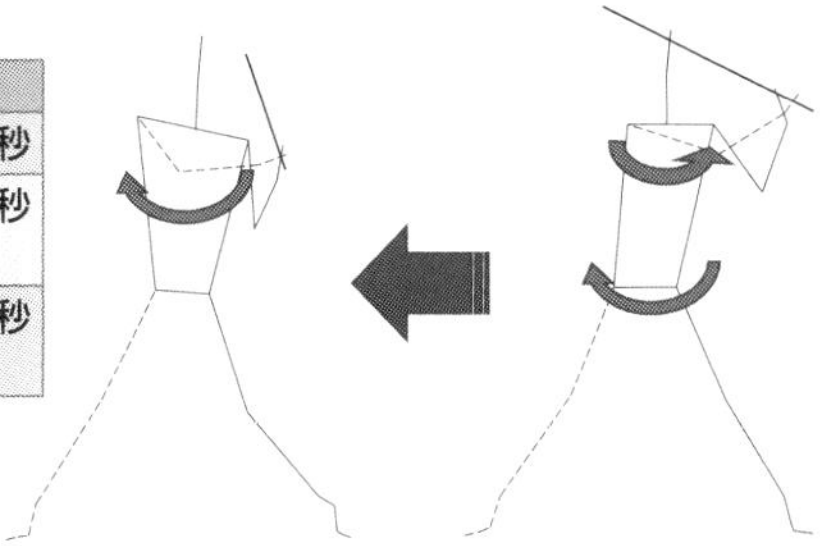

一流選手ほど体幹のねじり戻しの速度が速い。これはフィジカル面と技術面が関係していると考えられる

には、ねじり戻しの速度が速いという共通点が見て取れます。なぜこのような違いが生まれるのかというと、フィジカル面と技術面によるところが大きいと考えます。

また、質の高いねじり戻しができるようになると、スイング動作に入ってからバットを止めるキャンセルの動きもやりやすくなります。その理由はバットのグリップがあまり前に出ていないからです。さらにボールを長く見ることで、変化球などボールの軌道の変化にも対応がしやすくなります。ところが、胸郭を使えなかったりねじり戻しの動きができない、いわゆる「めくれる」「肩が開く」という状態では、バットが前に出てしまいます。すると途中でスイングをキャンセルしたり、軌道の変化に対応することが難しくなります。

このような観点からも胸郭を回旋させることやねじり戻しは、ワンランク上のバッティングには必要不可欠といえるでしょう。

下半身のポイントは地面反力の方向が指標!?

下半身の重要性はタイミングにあり!?

下半身の動きはタイミングの取り方にも影響を与えると考えられるが、どのように評価をするのかが選手によって異なるため、非常に難しい

下半身にはタイミングを取る役割もある

続いて下半身のポイントを解説します。下半身で大切なことは、踏み出した脚の方向と力の大きさです。踏み出した脚が回転の軸のようになり、その軸によって身体の回転を手助けしてくれるような動きがとても重要です。

脚を踏み込むと地面からの反力を受けるのですが、図1を見ていただくと反力が身体の中心に向かっています。この前脚が回転軸のようになり、身体が回旋するのです。ところが図2では身体がピッチャー方向に流れてしまっているため、反力が身体の外側に向かっています。こうなると踏み出した脚は回転軸の役割を果たすことができないため、素早いねじり戻しやよいバッティングにはつ

図1 地面反力のよい例

脚を踏み込む力で地面からの反力をもらう。身体を回転させる軸を前脚の内側に作る

図2 地面反力の悪い例

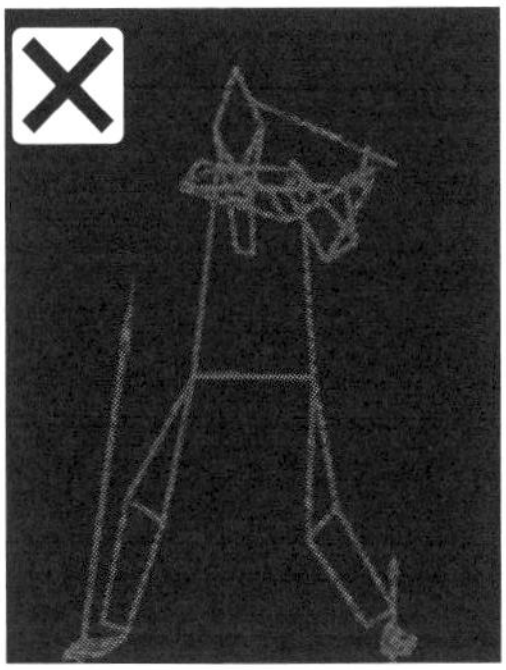

地面からの反力が身体の外方向に向いてしまうと、回転するための軸が作りにくくなる

ながりにくくなってしまいます。

これまで述べてきた地面反力ですが、実はスイングスピードと関連して見ると反力の向きでよい悪いといった評価ができます。ところが動きについてはこのくらいしか共通点がないのが実状です。ただし、下半身の役割としてもう1つ重要なことは、タイミングを取ることです。直接スイングに関係しない要素のため、評価がとても難しいのですが、バッティングで重要な要素の1つがタイミングです。先ほどの地面反力で×としたケースであっても、よいタイミングの取り方でスイングができていれば、一概に×とはいえません。

このタイミングの取り方ですが、とくにノーステップで打つ選手はお尻を中心に動かす体重（重心）移動で行う場合が多いようです。この点については次のページで詳しく解説します。

2つの体重移動

写真1 頭が動かない大きな体重移動

大谷選手の場合は頭の位置を動かさず、お尻を移動させることで体重移動を行っている

お尻を中心とした移動と下半身全体の移動がある

最近は大谷選手のように頭が動かず、お尻を移動させる体重移動に着目しています。上の写真1のようにお尻をしっかりと動かして体重移動をすると、短時間で大きなパワーを生み出すことができますし、先ほど述べた素早い一瞬の割れにつながります。素早くお尻を移動させることで、体重は移動しつつ肩が残るからです。また、この体重移動は頭がほとんど動かないため、しっかりとボールを見極めることにもつながります。さらに、この体重の移動方法はよいバッターに見られる動きですし、MLBではとても流行っているスイングです。

一方で、日本ではイチロー選手に代表されるような、

写真2 頭の位置が前に大きく動く体重移動

多くの日本人選手は踏み込み脚方向に体重を大きく移動させ、大きなパワーを生み出している

前に体重を移動する方法が主流です（写真2）。この体重移動の場合は、インパクトまでに頭の位置が15～20cmほど動きます。そのため頭が動かないスイングと比較するとボールの見極めに少し不安がある反面、大きく体重を移動させることで体格に恵まれない選手でも、球威に負けないパワーを生み出すことができます。日本の野球では、多くの選手が平均的に上達するような技術に特徴があると思います。そのため、このような体重移動が主流であり続けている可能性があります。

いろいろなカテゴリーの選手を見ていると、体重を移動することなくその場でパッと回してしまうスイングをする選手が少なくありません。こうした選手は総じてあまり打てない選手のため、体重移動とよいバッターについての相関があると考えています。ただし、まだいろいろなデータが必要になるため、さらに研究を進め、また皆さんにお伝えできればと思っています。

本当の横振りと縦振りの特徴

グラフ1 バット回転の特徴

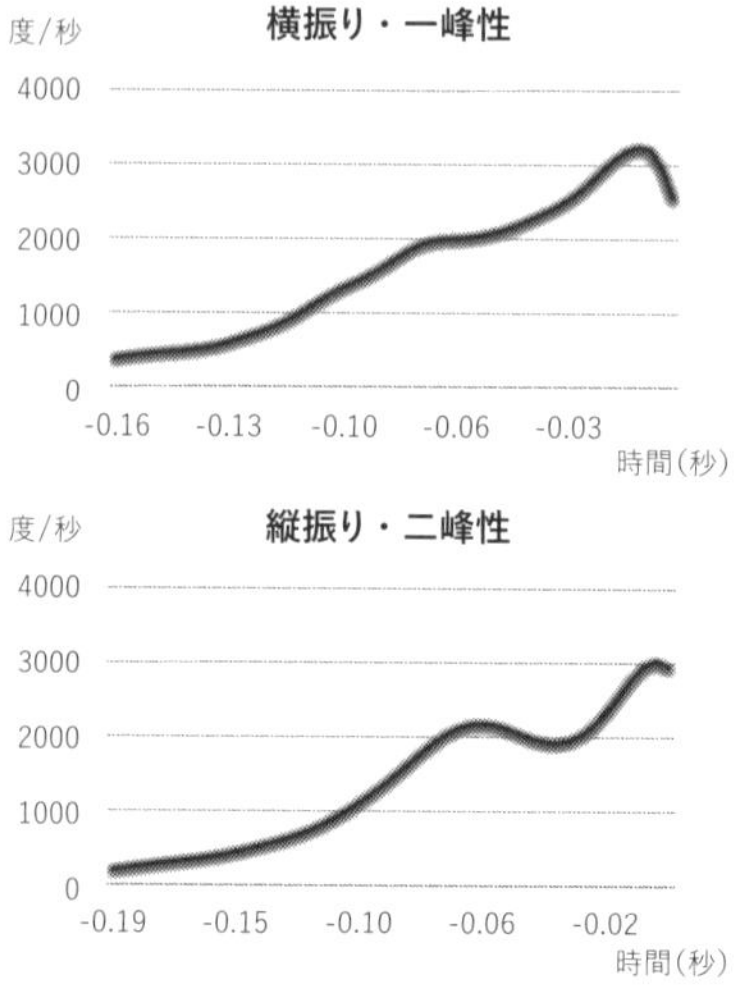

いずれもインサイドアウトが前提

横振りは山が1つできる一峰性、縦振りは山が2つできる二峰性というスイングの軌道を描く

バッティングに絶対の正解はない

これまでのスイング解説は、インサイドアウトの「横振り」になります。ところが近年は、バットを一度下げてから振り上げる「縦振り」という打ち方が注目されています。学生たちがこの動きの形をマネしてしまい、その結果自分のスイングを崩すケースがあるため、少し丁寧に述べたいと思います。

まずはそもそも論ですが、バッティングは①ピッチャーの投球に対応する技術である、②シングルヒッターもいれば長距離ヒッターもいる、③選手ごとに適した身体の動かし方がある、など、こ

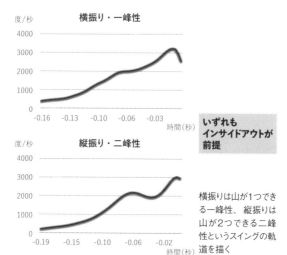

図1 横振りと縦振りのスイング軌道

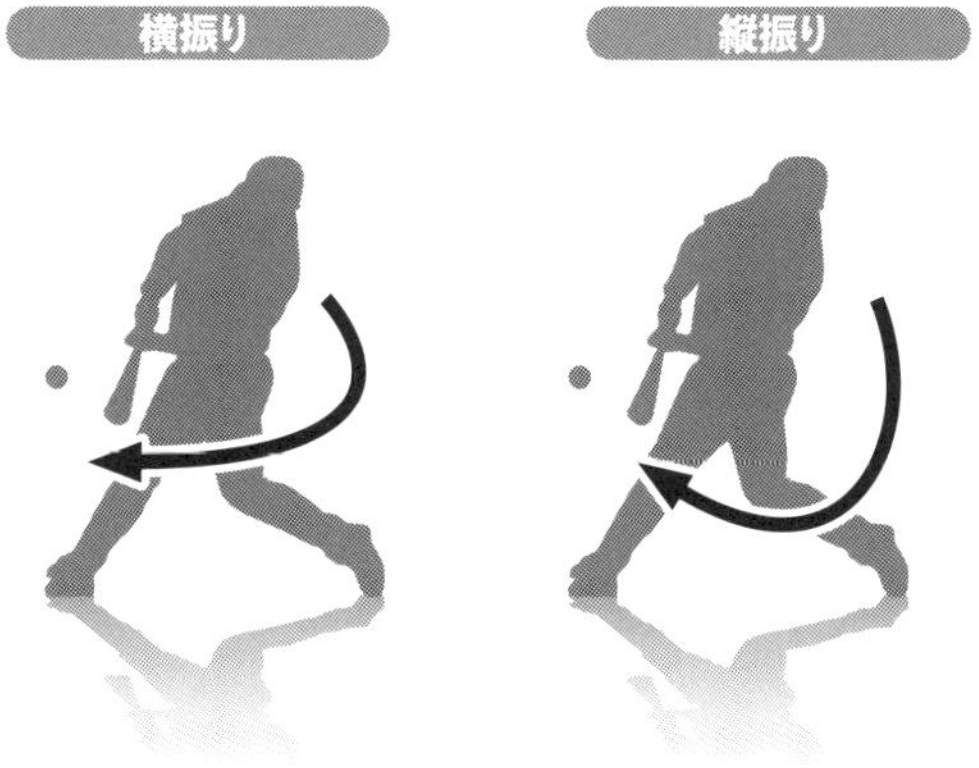

横振りはミートポイントまでバットが並進する時間が長い。 縦振りは大きな打球角度が出せる。 それぞれ上のイラストのような軌道を描く

れが「よい」「悪い」と単純な観点で比較できる技術ではありません。

　指導者の皆さんに「逆方向にホームランが打てる選手がいいと思いますか？　ライナー性のヒットが打てる選手がいいと思いますか？　理由もあわせて教えてください」と尋ねることがあります。この答えが非常に多種多様です。その結果を受けて講習会などでは「我々にとって、よいバッティングの概念が一人ひとり違うわけで、これが絶対に正しいというバッティングはないのです」という話から入ることがあります。これは本書の内容もそうですし、冒頭に述べた「これからは縦振りだ！」ではなく、縦振りと横振りの特徴を理解して、よい部分を取り入れてほしいと思います。

　さて、グラフ1は縦振りと横振りのバットの回転速度と軌道を計測したものです。どちらもイン

図2 バットの重心の位置

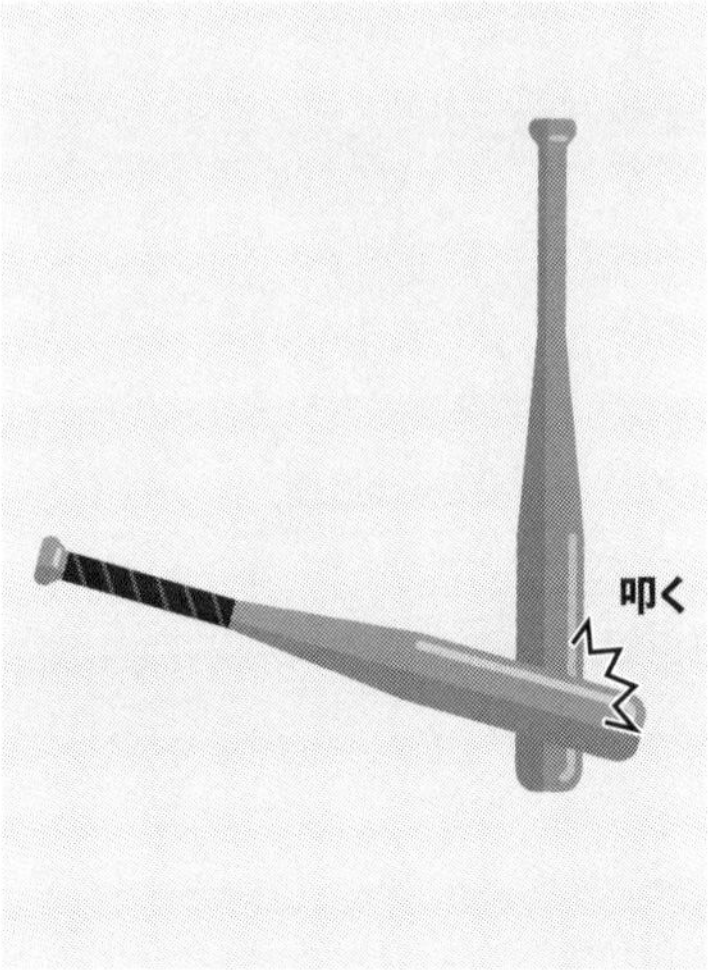

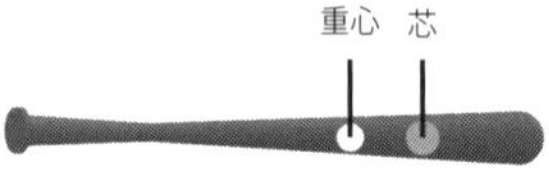

バットの重心（重さの中心）は芯の少し手前にある。バットの芯はバットによって位置が異なるが、左のイラストのようにもう1本のバットで叩いた際にしびれが少ない位置にある

サイドアウトのスイングをしていますが、横振りは山が1つ（一峰性）、縦振りは山が2つ（二峰性）できる軌道になります。また図1はバットがボールに当たるまでの軌道を示したものです。この軌道を見ると、横振りのほうがミートポイントを長く保てますが、パート1で述べたように打球角度は出にくくなります。対して縦振りは、打球角度が出やすい反面捉えるポイントが小さくなります。

バットの重心とスイングの関係

図1のバットの軌道を見ると、縦振りは二峰性でした。これは一度バットの重心を落としてから振り上げるために生まれる軌道です。このバットの重心を下げる動きが大きなポイントになります。理想の動きは図3の○のようにバットの重心がフォールライン（重力の方向）から外れずに真っすぐ

図3 力学から見た理想的なトップの振り出し（縦振り）

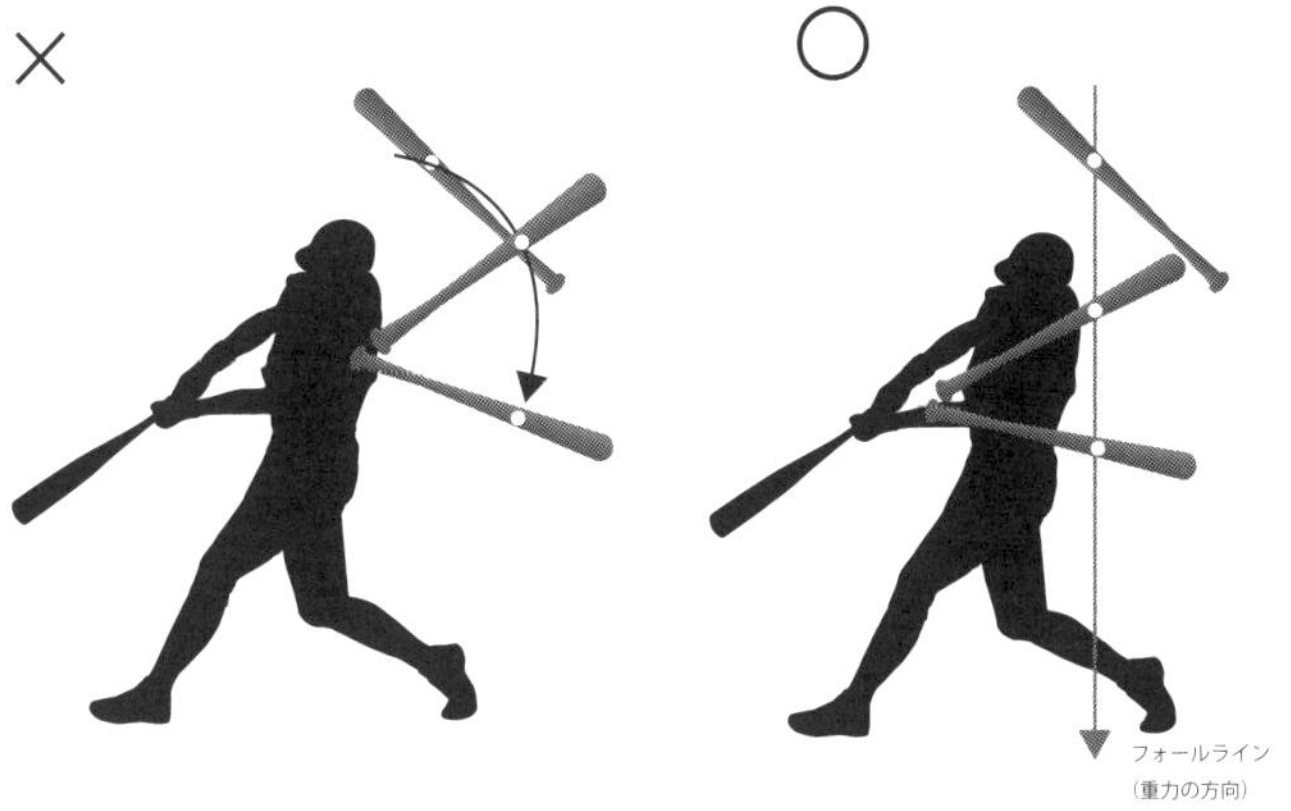

バットの重心の位置があまり動かなければ、 バットの重さを感じずにスイングできる。
ところが重心の位置が動くと重さを感じてよいスイングができなくなる

落ちます。そうするとバットの重心と身体が近いため、バットの重さをさほど感じずにボールに対してよい軌道でスイングができます。ところが×のように一度キャッチャー方向にバットの重心が動いてしまうと、スイングのはじまりが崩れてしまいます。バットの重心が動くとバット自体の重さを感じてしまい、グリップがうまく出てこなくなるのです。

　つまりよい縦振りのスイングのポイントは、①図3の○のようにバットのヘッドはトップの位置からスイングを始動することで入れ替わる、②バットの重心はキャッチャー方向ではなく、重力の方向にほぼ真っすぐに落ちる、となります。こうしたバットの動かし方が必要になるのです。

図4 縦振り時の胸郭の動き

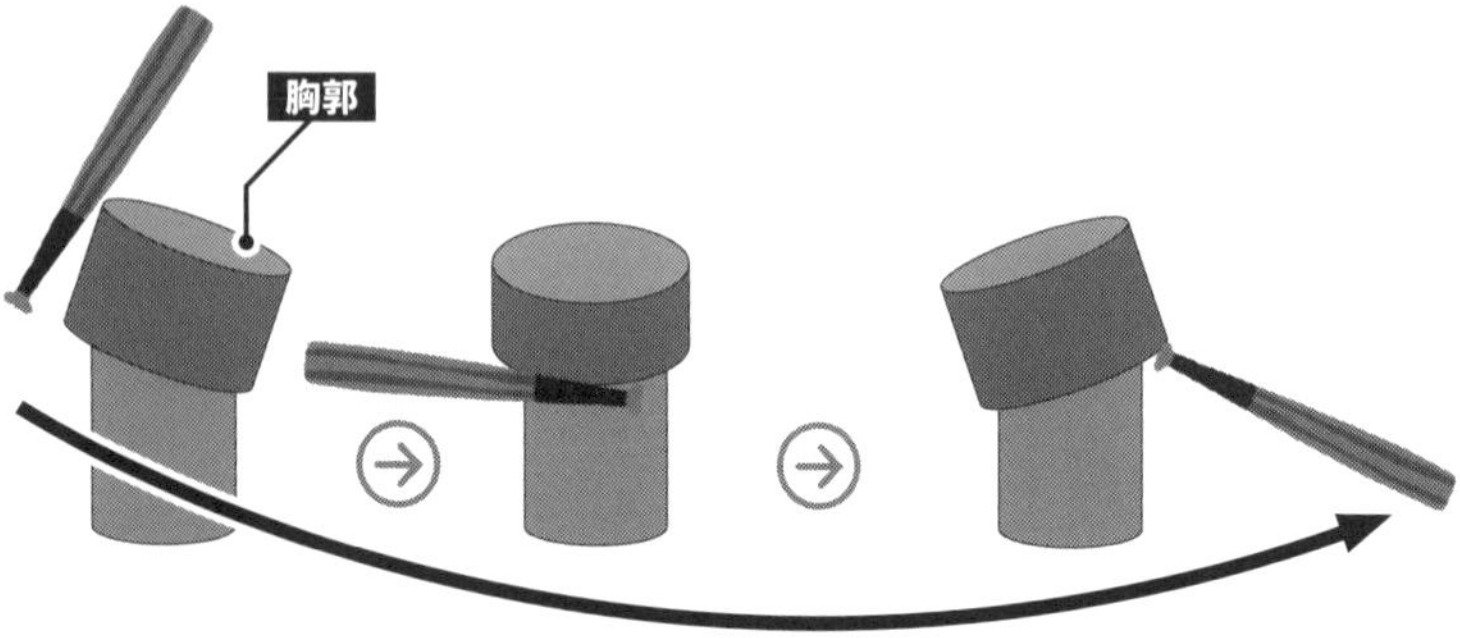

胸郭を柔軟に、かつ立体的に動かすことで球威に負けないパワーが発揮できる

肘をあまりたたまずに胸郭をうまく使う

　先ほど、スイングの基本はトップハンド側の肘はたたんだほうがよいと述べましたが、縦振りをする一流選手は、肘をたたまない傾向にあります。逆に肘を張った状態から重力の方向に沿ってバットを落としていくのです。ただし、ただ肘を張ればよいわけではありません。このような打ち方をするためには、上の図4のような胸郭の動きが必要になります。この図は胸郭の動きをシンプル化したものですが、胸郭が立体的に半円を描くような動きをします。こうした胸郭の動きをするためには、胸郭の柔軟性が求められますし、胸郭の柔軟性があるからこそ、肘をたたまない状態でスイングができるのです。

　ところがこの形だけを真似てしまう選手がとても多いように感じます。胸郭の柔軟性を伴わない状態

写真2 肘をたたまずに縦振りする

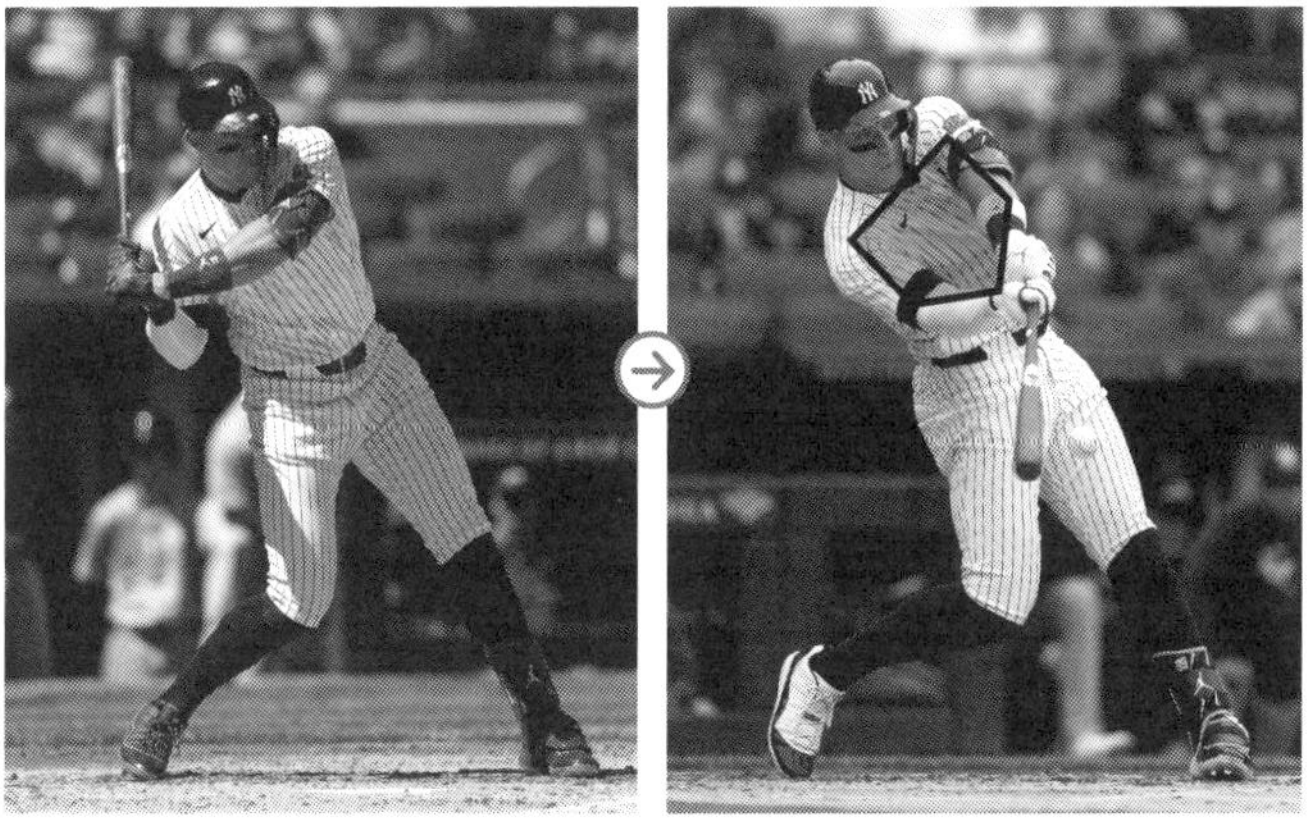

胸郭を柔軟に使えると肘をたたまずに打つことができる。この動きができると結果として写真のような五角形が保たれる

で肘を張ったスイングをすると、バットを重力方向に下げる際に、腰が落ちたりヒザが曲がってしまいます。こうなると球威に負けないスイングのパワーを発揮できなくなったり、ボールに力が加わっていない打球になるため、縦振りの打ち方をする意味自体が薄れてしまいます。

写真2は2024シーズンに58本のホームランを放ちMVPを受賞したアーロン・ジャッジ選手（ニューヨークヤンキース）のスイングです。彼のスイングを見ると、トップを作った状態からインパクトするまで、両腕と両肘、手首が五角形になっています。このような五角形を保ったままスイングできることイコール柔軟に胸郭を使えている証拠です。これができてこそ、バットの軌道が二峰性を描くような下から上に振り上げていくスイングが可能になります。

写真3 横振りはバットを寝かせて構える

早めにバットを寝かせて備え、そこから身体にバットを絡めるようにしてスイングする

横振りのスイングの特徴

表2は横振りと縦振りの特徴をまとめたものです。横振りについて少し補足すると、トップを作る際にバットを寝かせるように備えます。2024シーズンで現役引退を表明した青木宣親選手のような構えになります（写真3）。打球の特徴はこれまでも述べたように、ライナー性かつ安打性の当たりが出やすくなります。それからもう1つ、横振りの軌道は並進方向に近いため、インパクト後に手首を返す必要があります。この動きがなければ90度のフェアゾーンに打球を飛ばすことが難しくなります。逆に縦振りで手首を返してしまうとこねるような動きになるため、フライを打ちやすくスイングの特徴が活かせなくなってしまいます。縦振りの場合は手首を返さずに、そのまま大きくフォロースイングをすることが理想です。

表2 横振りと縦振りのまとめ

	横振り	縦振り
スイング軌道と回転速度	一峰性	二峰性
トップの作り方	バットを早めに寝かせる	バットを立てる
胸郭の動き	背骨を軸とした横回転	側屈を伴った縦回転（50ページ図4）
ミートポイント	前後に広い	点に近い
手首の動き	バットを返す動きが必要	手首は返さない
打球の特徴	ライナー性の打球	フライボールを打ちやすい
逆方向への打球	安打性が期待できる	長打が期待できる

これまで述べてきたスイングの特徴をまとめるとこのようになる

　話を横振りに戻します。これまで重要と述べてきた胸郭の動きですが、横振りは縦振りと比べると胸郭の動きは抑えます。その理由ですが、胸郭を動かしすぎると、インサイドアウトのメリットであるバットが身体に絡むようなスイングがやりにくくなるからです。ただし横振りでもすでに述べた「ねじり戻し」が必要になるため、まったく使わないという意味ではありませんので誤解をしないでください。スイングのポイントとしては繰り返しになりますが、①グリップをホームベース方向へ運ぶ、②バットの重心が体に近づく、③バットが回転しないので身体から離れないことです。

　誰しもがホームランを打ちたいと思うのは当たり前ですが、形だけを真似してもうまくいきません。自分にあったスイングを習得し、そこから打球の質を上げましょう。

COLUMN《コラム》

縦振りにはOPSが影響している!?

このパートで出てきた縦振りですが、メジャーではよく目にするようになりました。フライボール革命と呼ばれる考え方が大きく影響していると思われがちですが、根本にあるのはOPS（※1）やwOBA（※2）といった指標だと考えています。これらの指標の簡単な説明は下に記しましたので、なじみのない方は一度お目通しください。

打率よりもOPSが重視されるようになってからは、長打率がポイントになってきました。そのため下から振り上げる、飛距離を伸ばすスイングが増えたのです。ところが面白いもので、こうしたバッターに対抗するために、ピッチャーは高めの速球で勝負するようになりました。メジャーで活躍した田中将大選手も高めのストレートを主軸に、素晴らしい投球をしていました。するとバッター側は身体が弓なりになるようなスイングで、高めのボールを攻略するようになっていきます。大谷選手のホームラン映像を見ると、この弓なりになったスイングがよく見られます。

ある突出した技術が出てきたら、それを攻略するために他の技術が編み出される。これが球技の本質であり、面白さだなと改めて感じています。

※1　出塁率＋長打率で算出できる。出塁率よりも長打率の影響を受けるため、アベレージヒッターよりも長打が得意な選手のほうが高い数値になる傾向がある

※2　打者が打席あたりにどれだけ得点の増加に貢献するバッティングをしているかを表す指標。出塁や安打の種別を細分化して求めるため、OPSよりも実際の得点との相関関係が高くなる。近年MLBで主流となっている

第3章

打率を上げるための戦略と技術

投じるコースはアウトコースが中心

図1 右バッターへのコース別投球割合

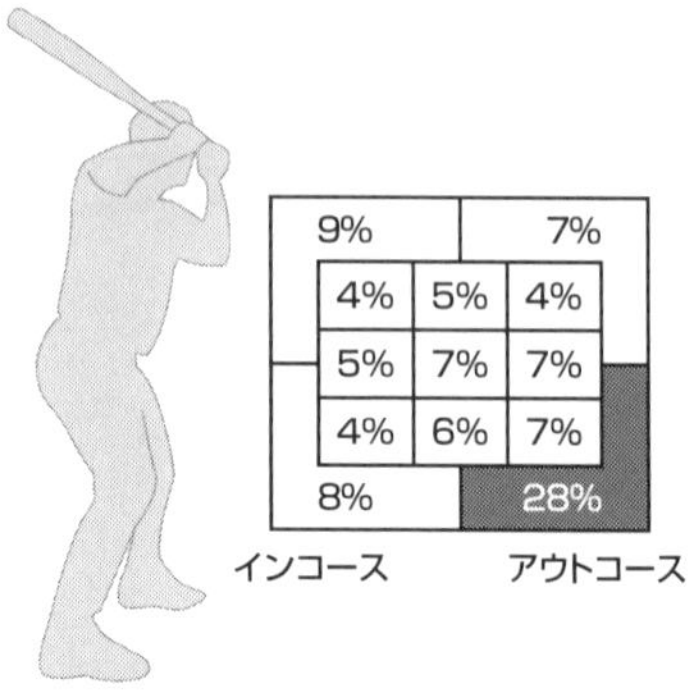

トラックマンのデータによるMLBの1シーズンの右投げピッチャーの投球割合。特にアウトロー（外角低め）への投球が多いことがわかる

アウトコースを逆方向に打つことが理想

このパートでは、打率を上げるための考え方や技術の磨き方を中心に紹介します。

前に述べたように、右投げ右打ちと右投げ左打ちの選手を比べた場合、利き腕が前になるか後ろになるかという違いがあります。利き腕が後ろ、つまり右投げ右打ちの場合には、逆方向へ打つ際の方向付けがしやすくなります。そのためアウトコースのボールに強さを発揮する選手が多い反面、インコースではうまく肘をたためずに打ち損じることが多くなる傾向があります。極端にいうと「アウトコースは打ちやすくインコースは打ちにくい」特徴があるため、必然的にアウトコースのボールを狙うようになります。

またピッチャーが投じるコースは、図1や図2のようにアウト

図2 左バッターへのコース別投球割合

こちらもトラックマンのデータによるMLBの1シーズンの右投げピッチャーの投球割合。アウトローが多いが、それ以上にインローが多くなっている

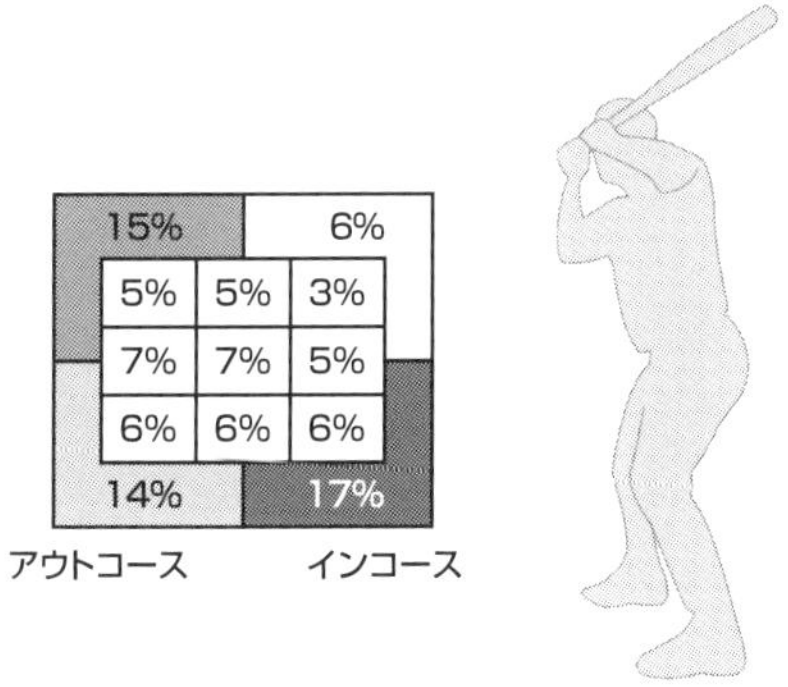

コースが中心です。アウトコースはバッターから離れるため、打たれるリスクが少なくなることが理由の1つです。そのためバッターとしては、アウトコースを逆方向に打つことが基本的な戦略であり、ピッチャーを攻略するときの戦術になります。逆方向に打つことができれば、アウトコースへの対応がしやすくなり、ピッチャーが投じるコースに制約を設けさせることもできます。

アウトコースのスライダーが得意なピッチャーに対しては、少し工夫が必要です。このコースと球種が得意なピッチャーは高校生にも多いのですが、アウトコースに狙いをつけている際にスライダーが来たとします。そのボールを狙い目だと思って打ちにいったものの空振りをしてしまうケースがあります。すると「アウトコースへの目付け（狙い球を絞る）ができなくなる」という選手が意外と多いのです。このようなピッチャーに対しては、「基本はアウトコースのストレートに目付けをする」「そこから曲がっていく球はすべてボールだと判断する」と考えます。そうすることで、目付けが狂わされないようになります。

インコースで重要となる見極め方

図1 右ピッチャー対右バッターの被打率

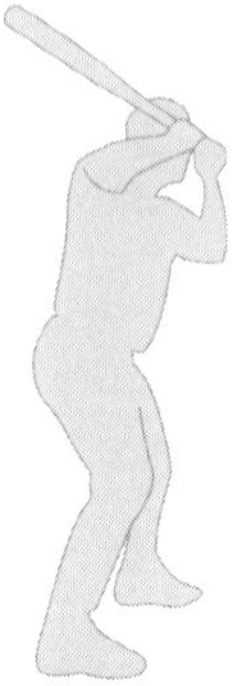

6.6%	9.8%	12.6%
8.5%	11.0%	20.0%
5.3%	8.8%	17.3%

NPBの3年間の被打率をまとめた図。インコースの被打率が少ないことがわかる

インコースに連続したよい球はまず来ない

続いてインコースへの対策ですが、「いかにして見極めるのか」が大事になります。

インコースが打てないバッターは、身体の近くを通るボールに対してバットをうまく入れていくことが苦手です。さらにインコースに対して「身体の前でさばかなければならない」という意識が働きやすく、思わず反応してしまうシーンも多く目にします。ところが実際にはインコースのボール球を振らされていることが多々あるのです。インコースはアウトコースと比べて時間的にもバットを加速させる距離的にも猶予がないため、「来たら反応する」というバッティングになりがちです。そうならないためにも、「ボールになる」と考えることも大切な戦術です。

図2 右ピッチャー対左バッターの被打率

12.4%	9.1%	7.3%
18.2%	10.4%	10.5%
14.7%	9.8%	7.5%

こちらの図も対右バッターと同様にインコースの被打率が少ないことがわかる

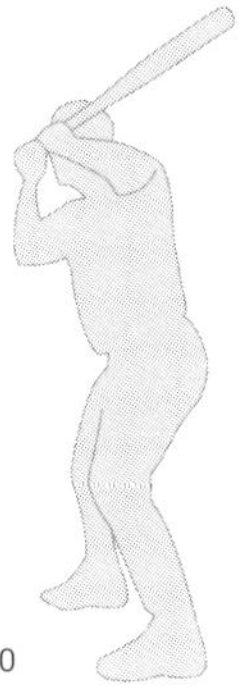

参考サイト https://ahoudata.hatenadiary.jp/entry/2018/04/03/000000

ピッチャーの心理を考えると、インコースはぶつける可能性が高くなります。またインコースに何球も続けてよいボールを投げられるピッチャーはほとんどいません。野村克也さんは「インコースを投げ続けることはナンセンスだ」と言っていました。その理由は技術的な難しさもありますし、バッターがうまく回転したスイングをすると、ホームランになる危険もあるからです。つまりインコースを投げ続けることは、ピッチャーにとって得策ではないことを知っておきましょう。

バッター心理に話を戻します。インコースに投じられたボールで、ストライクを取られたとします。このボールが頭に残りやすいのですが、そうなるとスイング時に身体が開き気味になり、今度はアウトコースにバットが届かなくなります。バッテリーの狙いにまんまとはまってしまうわけです。つまりバッターの対策としては、「2球続けてよいボールが来ることはまずない」と考え、あくまでもアウトコースに目付けをしておくことです。こうした割りきりができることも、よいバッターには必要です。

よいスイングをすることでけん制できる!?

図1　ピッチャーの心理が影響する投球

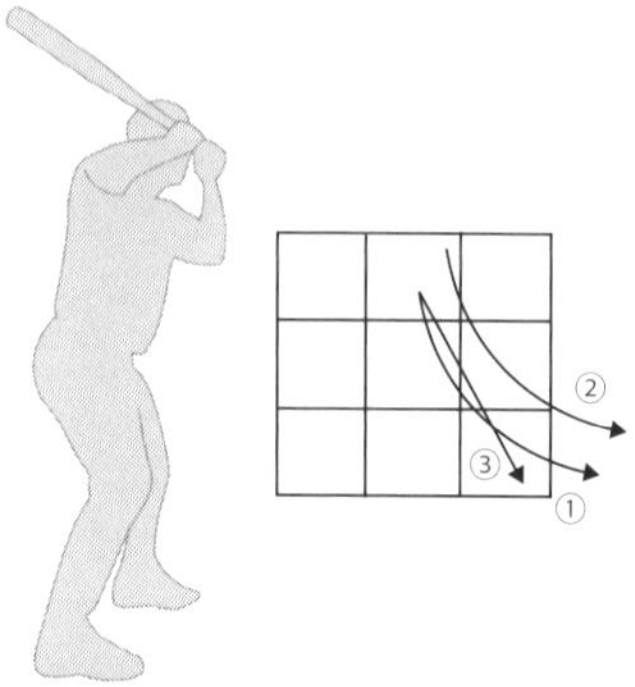

よいスライダー（①）に対してよいスイングができれば、早く変化するボールを投じる（②）など、ピッチャーは安全策ることが多くなる。するとアウトコースに的を絞る（③）ことができる

空振りでもよいスイングをする仕掛けが重要

ピッチャーの心理として、よいスイングをされたり、バットをしっかりと振られると、「失投してはいけない」という思い込みが強くなります。56ページで右ピッチャーのスライダーについて触れましたが、ここでもスライダーを例に解説します。

ピッチャーが心理的に慎重になるほど、スライダーの曲がりが早くなりがちです。例えば30cm程度の曲がり幅のスライダーを投げられるピッチャーが、50cmの曲がり幅のスライダーも投げられることは、まずあり得ません。めちゃくちゃ調子がよい場合は別ですが、逐一、曲げ幅を調節できるピッチャーはいないのです。そのため、明らかなボール球になるケースが多くなります。そうなるとピッチャーは「これではいけない」という心理になり、ス

写真1 よいスイングを心掛ける

たとえ苦手な球種であってもよいスイングを心掛けることで、相手に心理的なプレッシャーを与えることができる

トライクゾーンに入れにいくようなボールを投じるケースが多くなります。つまり肩口から入ってくるような、バッターからすると打ちやすい変化球になりやすいのです。このように考えると、バッターは、スライダーで空振りしたとしてもしっかりとしたスイングをすることが必要で、「少しコースが甘ければ打たれる」と思わせ、ピッチャーにプレッシャーをかけること。そのような仕掛けのアプローチができれば、ピッチャーに対して大きなプレッシャーを与えることができます。プレッシャーによって変化球が手詰まりになると、ピッチャーは真っすぐかつアウトコースを主体に配球を組み立ててきます。そうすればアウトコースに目付けをしておくことで、安打が打てる確率を上げることにつながります。

私はプレーヤー時代、ひどいときは左側のバッターボックスの真ん中くらいでバウンドする球を振っていることがありました。つまりスライダーが真っすぐに見えてしまい、ボール球にも手を出していたのです。自分のスイングを崩さないことで、たとえ空振りをしてもピッチャーにプレッシャーを与えられることは、ぜひ知っておきましょう。

ファウルで粘ることで甘いボールを待つ

写真1　払う打ち方

前腕を中心にして払うようにスイングすることで、ボールをファウルゾーンに飛ばせる

凡ゴロをフェアゾーンに入れることはNG

狙い球を打つことは、安打の確率を上げる重要な要素ですが、その際に頭に入れておきたいことは「ファウルでよい」というスイング（打ち方）です。

例えばアウトコースを狙っていた打席で、インコースにストライクのボールが来たとします。ここでよくないのはフェアゾーンに入るようなスイングをしてしまうことです。ヘッドがあまり返らない状態でバットを入れた結果、ピッチャーゴロやセカンドゴロになってしまうようなプレーです。また詰まった打球になるようなスイング時にバットを止めるように置きにいくと、打球がフェアゾーンに入りやすくなります。

打球をファウルゾーンに飛ばすためには、「払うような打ち方

写真2 ファウルも1つの戦術

ファウルをポジティブに捉えることで、自分にとって有利な状況を作ることができる

（写真1）」をしたり、先ほどのケースでは「詰まった状態でバットを止めずに振り切る」といったスイングをすることです。理想的なファウルの打ち方は、右バッターであればサード方向にボールを飛ばすような払い方になります。払いは技術的には難しくなりますが、ぜひとも身につけてもらいたい打ち方です。

　このようにファウルを肯定的に捉えて打席に取り入れることができると、たとえインコースによいボールが来たとしてもバッターにとって有利な状況が作れます。先ほども述べたようにインコースによい球を続けて投じることは難しいため、インコースをうまく払っておき、次のアウトコースで勝負といった攻略が考えられます。もしアウトコースでなくても、「（インコースはまずないので）甘いボールを待てばいい」といった余裕のある状態や心理で、次のボールを待つことができます。

　ファウルはタイミングが合っているか否かを計る指針として捉えられることが多いのですが、レベルやカテゴリーが上がるほど、戦術的な面も出てきます。

インコース打ちが必須になるシュートピッチャーへの対応

図1 シュートの軌道

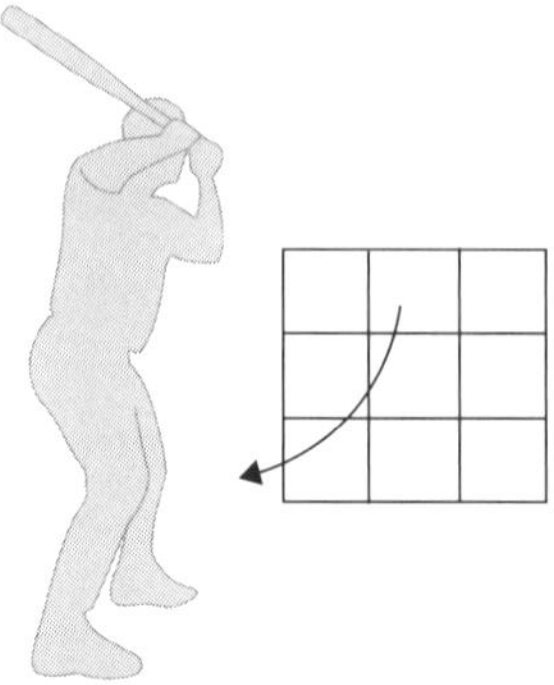

シュートの特徴は、球速が速く縦方向の変化が少ない。バッテリーは詰まった当たりを打たせたり、ゴロでアウトを取りたいときに選択するケースが多い

大きく分けて3つの対策がある

チームによっては、ピッチャーの利き腕のほうに曲がるシュートボールを投げる「シュートピッチャー」が存在します。このようなピッチャーは右バッターのインコース側にボールが集まるため、そのコースへのボールをどのように捉えるかがポイントになります。

インコースをどのようにして捉えるかですが、基本となるのはホームベースに対して少し離れて立ち（下がって）、積極的に強振することです。この位置に立つことでボールとバットの距離が取れるため、打ちやすくなります。また、バットを短く持つことも有効です。短く持つことでバットの操作性が増し、同時にバットの芯が身体に近くなるため、インコースがさばきやすくなります。

またネガティブなやり方ですが、ホームベースに寄ることでイ

図2 シュートの対応策

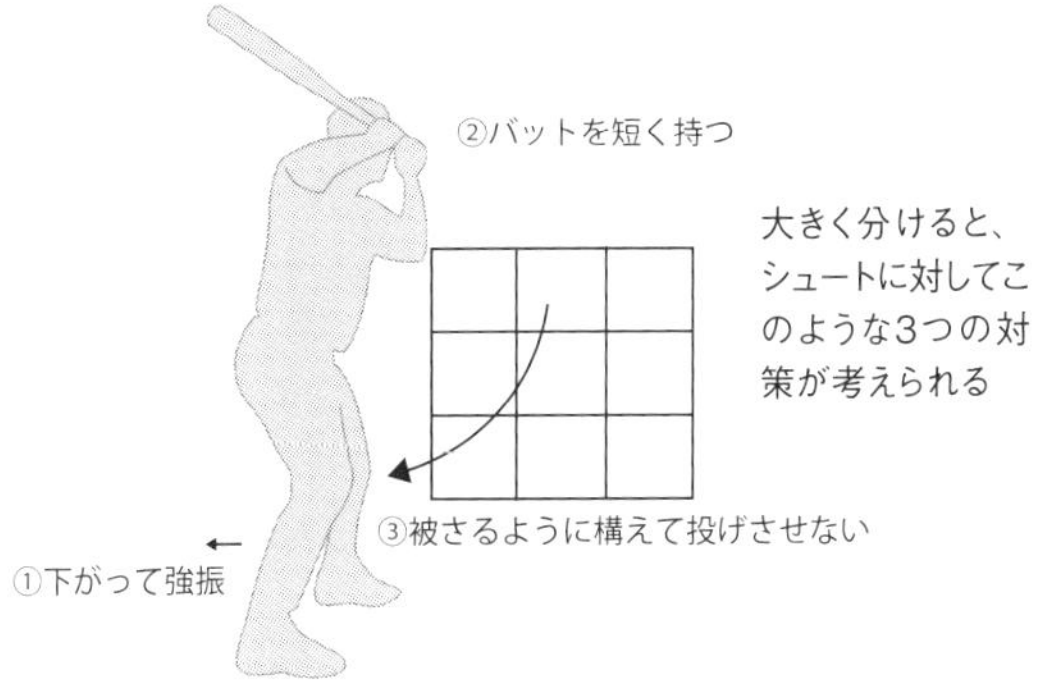

大きく分けると、
シュートに対してこ
のような3つの対
策が考えられる

ンコースに投げさせない方法もあります。

このように①積極的に安打を狙っていく、②バットを短く持つ、③投げさせないようにするという3つの対策が考えられます。ではどの対策を選択するかですが、大きな判断材料は、バッターがインコースをどの程度打てるかで変わります。打てるようであれば①を選択するケースが多くなるでしょう。また試合のシチュエーションとして、先頭バッターであったり、デッドボールでも出塁することが必要であれば、②や③が選択肢となるでしょう。

このように3つの対策を挙げましたが、大学生であってもなかなかできない対策が①です。その理由は「自分のバッティングが狂うから」。自分の基本となる打ち方が身についていれば、一時的に立つ位置を変えても元に戻すことができます。ところがきちんとした基本がなければ、立つ位置を変えることでどこが元の位置なのかがわからなくなるのです。この基本技術をスポーツ運動学では「中核的技術」と呼んだりしますが、本書では基本と表現し、66ページから詳しく紹介します。

対応には基本技術と応用技術の組み合わせが重要

図1 バッティングに求められる要因

受動的要因
- 投球速度
- コース（高低・内外）
- 球種
- 投球フォーム

→ 対応 →

能動的要因
- ボールセレクト
- タイミング
- スイング軌道
- スイング時間
- スイング速度
- ミート
- 打球方向
- 打球速度
- 打球角度（フライ・ライナー・ゴロ）
- （総合的な）飛距離

こうして要因を並べると、改めてバッティングが対応の技術であることを理解いただけるだろう

バッティングは対応の技術である

ピッチャーの投じるボールに対応するためには、自分の理想とするスイングだけでは限界があります。時にはより前でボールをさばいたり、立ち位置を変えることで打ち損じを防ぐような工夫が必要です。ところが筑波大学の学生たちも含め、自分のバッティングスタイルを崩す（工夫する）ことを嫌がる選手が多いと感じています。その最大の理由は「自分のバッティングが崩れるから」です。

本来の基本技術と応用技術の関係ですが、基本技術はある意味普遍的なベースとなる技術といえます。どれだけ崩れたり、狂ったとしても立ち返ることができる技術です。それに対して応用技術は、相手の球速や球種、コースやタ

図2 限られた時間で対応する

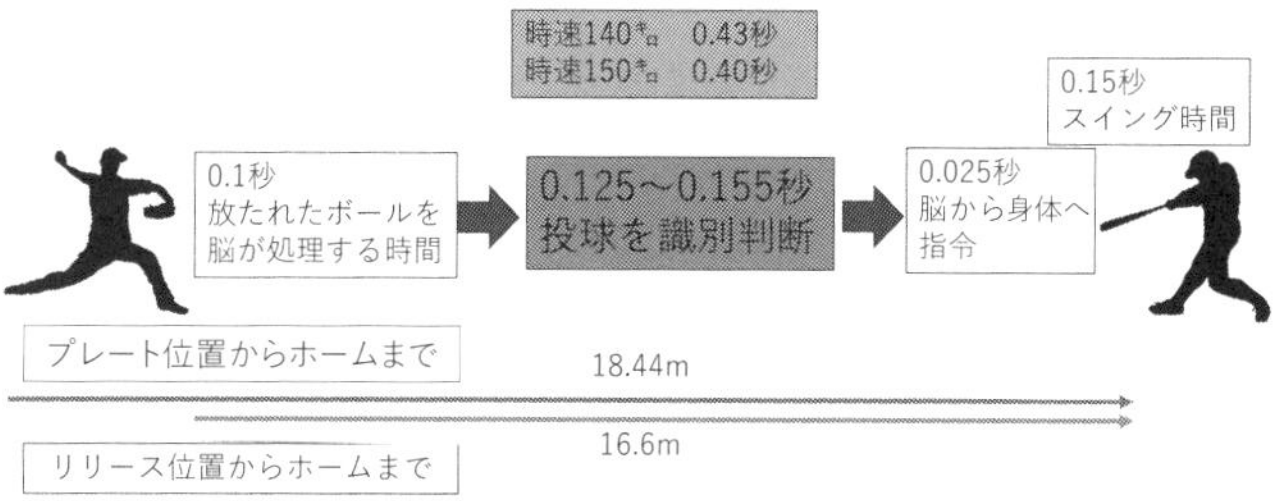

BUSINESS INSIDER HPのデータを改変

すでに述べた要素ではあるが、図1の要因をこのような限られた時間のなかで行う必要がある

イミングに合わせて変化させることができる技術です。つまり、応用するためのアレンジを嫌がることは、本当の意味での基本技術が身についていないことになります。

この基本技術は野球に限らず何事においても重要です。例えば、試合で速いボールを投げてくるピッチャーと対峙したとしましょう。そうするとタイミングを早く取ろうとして、軸足に乗る時間がどんどん短くなります。逆にサイドスローの軟投派などのピッチャーと対峙した際には、ゆっくりとタイミングを取ることができないため、肩の開きが早くなるといった症状が現れやすいのです。こうしたときに自分の基本を持っている、そして知っていれば、崩れを元に戻すことができます。また感覚的に元に戻すための指標が身についています。ところが先ほど挙げた例のように「自分のバッティングが崩れるからアレンジするのは嫌だ」といった選手は、こうした技術や感覚を持ち合わせていないのでしょう。そのため、変化を嫌うのです。

▶基本（中核的）技術の概念（スポーツ運動学から）

技の成立に関わる不可欠な中心的内容を持ち、最も機能の集中した形で示され、変容の確率が小さい技術

佐野（1985）より

技術の指導体系については中核的技術を中心に置き、そこから変形技や発展技へと分化させて構築していく

金子（1982）より

スポーツ運動学では、基本（中核的）技術をこのように定義している

ここまでお読みいただいてお気づきの方も多いと思いますが、バッティングは対応の技術であるため、自らが望まなくても相手ピッチャーによって狂わされてしまいます。つまり試合をすればするほど狂いが生じるため、その狂いを元に戻せる能力が必要になります。そしてよいバッターは総じて、この能力が高いのです。70ページからは自分の核となる基本技術を習得するための練習方法の例を紹介しますが、ここで述べたバッティングの本質を頭で理解することからはじめてください。

応用技術は「ごまかしの技術」でもある

核となる基本技術があり、変化に対応するために応用技術があります。ただしこのように考えてしまうと、非常に難しく感じる方や、習得意欲が湧かない方が出てしまうかもしれません。そこで少し表現を変えたのが「ごまかしの技術」です。

例えば球速が速いピッチャーに対しては、「バットを短く持

試合においては、「相手の意表をつく」「相手が嫌がることを狙う」といった戦術的な発想も重要になる

つ」「コンパクトなスイングをする」「振り出しを早くする」「とにかくゴロを打つ」「ライト方向に打つ」などの対応が考えられます。こうした対策を確実に行えることはもちろん重要ですが、「どのように攻略するか」という考え方も非常に大切です。

今回、この内容を紹介するきっかけになったのは「テニスのボレーの技術」です。身体の横で打つボレーが基本技術だとしたら、それ以外のあらゆる方向の返球に対してボレーを打つことはすべて応用技術といえます。そしてそこには狙ったところに打つ返すことを遂行できる技術と同時に、「どうしたらポイントが取れるか」という戦術も必要です。

野球も同じで、遂行する技術だけでなく、「相手の意表をつく」「相手が嫌がることを狙う」といった戦術的な発想が持てるようになることが大切です。そして、そうした発想が持てたら「ごまかしの技術」を使って、狙い通りのバッティングを試みてください。

基本技術の習得に最適なペッパー

図1 基本技術の習得方法の例

養える技術の基礎

- タイミング
- ミート位置
- 打球方向
- 打球角度

↓ 基本形

ペッパー
インサイドアウトのスイングができていないと、タイミングのよいスイング&強弱をつけることができない

不足する技術

- スイング速度
- 打球速度

↓ 発展形

トスバッティングやロングトスで、強い打球や強いスイングを身につける

タイミングと強弱を調整して打つ

基本技術は、ピッチャーの動きや投じるボールといった「受動的要因」を判断して対応するための技術になります。そこには①判断力、②タイミングの取り方、③スイング軌道を作る、④スイング速度を上げる、⑤ボールとバットを出会わせてインパクトするといった要素があります。

これらの動きを磨くためには、コースど真ん中に投じられたボールをセンター返しで打ち返すことが最適であり、おすすめの練習が「ペッパー」です。それもインサイドアウトのスイングで行うペッパーになります。「トスバッティングでもよい」と思われ

ペッパーのポイント

Point 1 バッターと10ｍ以上離れる

Point 2 普通の打撃と同じようにスクエアに構える

Point 3 タイミングも投手に対峙するように取る

Point 4 どんな球（ボール球）でも返す

Point 5 バックスイングを取り、腰⇒肩⇒腕と連鎖させて動かす

Point 6 インサイドアウトのスイングを覚える

Point 7 基本的にはワンバウンドで投手に返す

応用 ライナーやボールの上を打つトップスピン、下を打ってフライ

応用 守備をつけ、狙った方向に打ち返す

るかもしれませんが、トスだとボールが斜め方向から来ることになります。それよりも真正面から投げてもらい、スクエアに構えて打つほうが難易度は高くなります。また、真正面から投げてもらうことで、冒頭の①や②の要素を磨くことができます。

向かい合う距離は10ｍくらいで、投じられたボールの方向に打ち返します。このときに気をつけることは、バットに当てて打ち返すのではなく、バックスイングをしっかりと取り、インサイドアウトのスイングで強弱を調整して打ち返すことです。投げた人が捕りやすい方向と強さを調節することで、質の高い基本技術が身につきやすくなります。

ペッパーが上手ではない選手を見ていると、早めに身体が開くためにすぐにバットの回転が起こります。こうなるとバットの軌道や強弱の調節ができないため、ボールをバットに当てるだけの手打ちにな

基本技術の質が高まることで、さまざまな応用の打ち方につながる

ってしまいます。タイミングを計り、腰や肩、腕を連動させながらグリップから出します。そうした調節をしながら最後にしっかりとミートしましょう。形だけのペッパーでは、本当に必要な基本技術が身につきませんし、悪い癖がつきやすくなります。正しい打ち方を心掛けてください。

ペッパーに工夫を加える&最後はロングティー

　バットの軌道やインパクトの強弱に変化をつけることで、ゴロやフライ、ライナーなど、返す打球に変化をつけましょう。ボールの上側を打つことでトップスピンの打球が打てます。ボールの下を打つことでフライになります。狙った打球と打球速度で返せるようにスイングを調整することで、基本技術の質を高めることができます。またライ

写真1 ペッパーのやり方

動画はこちら

10mほど離れ、ピッチャー役には真正面に立ってもらう

腰、肩、腕を連動させてインサイドアウトのスイングをする。センター方向（真正面）に打ち返す

ト方向やレフト方向に守備をつけ、狙った方向に強めの打球を打ち返すこともよい練習になります。

さて、ペッパー（写真1）などの練習ドリルは、何かしらの目的を持って行うと同時に、本来のバッティングとは異なる点が存在します。ペッパーでいうと、70ページで挙げた①～⑤の要素が目的であり、投げ手との距離や投じるボールの質自体、そして打球の強さが本来のバッティングとは異なります。そのためペッパーでよい感覚をつかんだら、本来のバッティングに近い練習をすることでさらに技術が向上します。具体的には、ロングトスであり、フリーバッティングです。よりマウンドから近い位置で投げてもらったボールを、できるだけ強く打って遠くに飛ばしましょう。

よいバッターになるために必要な流し打ち

表1 方向づけ系と強打系のヘッド速度と打球速度

種類	試技	バットのヘッド速度	ヘッドの速度差	打球速度
方向づけ系	逆方向	121.7km/h	11.1 km/h	132.1km/h
	引っ張り	132.8km/h		157.0km/h
強打系	逆方向	149.4km/h	0.7 km/h	165.2km/h
	引っ張り	150.1km/h		157.3km/h

※おっつけて打つバッターはさらに5km/hほど逆方向のヘッド速度が遅くなる

それぞれの流し打ちと引っ張りのヘッド速度と打球速度の測定結果になる。 強打系は両方向のヘッド速度がほぼ同じことがわかる

流し打ちは「方向づけ系」と「強打系」の2つに分けられる

ひと昔前の流し打ちのイメージは、意図的にバットをコントロールして方向づけをし、逆方向に打つことでした。ところが近年、特に長距離ヒッターには、逆方向への強打が求められるようになっています。その理由は前にも述べましたが、①バッテリーはアウトコースを中心に配球を組み立てる、②アウトコースはバットが届きにくく引っ張るのが難しいため、長打を狙う場合は逆方向へ打つ技術が必要になる、③ランナー1塁でライト方向に打ってランナー1、3塁を狙う（戦略面）、などが挙げられます。ここでは強打の流し打ちを中心に解説しますが方向づけの流し打ちと明確に分けるため、方向づけの流し打ちを

図1 2つの流し打ちのスイングの軌道

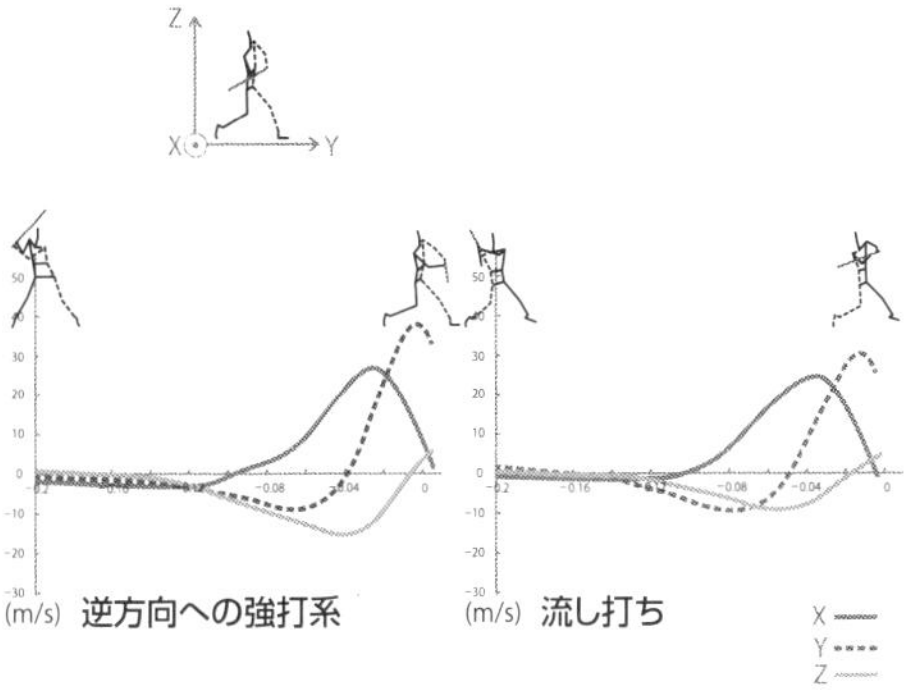

Z方向に違いが表れている。強打系はフライを上げて遠くへ飛ばすため、縦振りのスイング軌道になっている

「方向づけ系」、強打の流し打ちを「強打系」と記します。

ここで表1をご覧ください。これは方向づけ系と強打系のヘッド速度と打球速度を測定したものです。双方のバットのヘッド速度を比較すると、方向づけ系は引っ張り方向と流し方向のスイングで10km/hくらいの差があります。一方で強打系はほとんど差がありません。この違いですが、方向づけ系はバットを返さないようにしてライト方向に打球を飛ばします。そうすると当然バットのヘッドが走らないため、ヘッド速度が遅くなります。これが強打系になると、一見流し打ちを狙っているように見えますが、実はピッチャー方向に強くスイングをしていきます。そのためヘッド速度がほとんど変わらないのです。

そして図1は逆方向への打撃時のスイングの軌道とバット速度を表しています。グラフのY軸はピッチャー方向、X軸は右バッターから見ると1塁側のベンチ方向、そしてZ軸は上方向になります。2つを比較すると、Z方向に違いが表れています。これは20ページのバレルゾーンで紹介したように、長打を

2つのメカニズム

方向づけ系

図2-1
第1メカニズムのバットの軌道

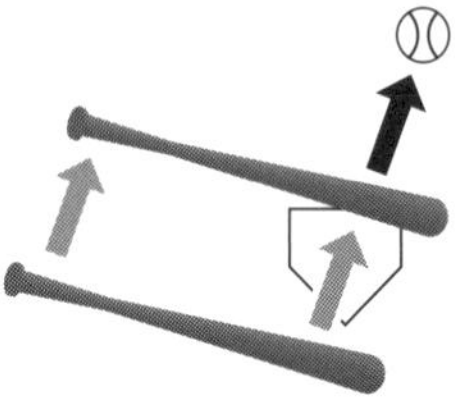

ヘッドができるだけ地面と平行に移動し、バットの方向とボールの方向を一致させる

強打系

図2-2
第2メカニズムのバットの軌道（正面）

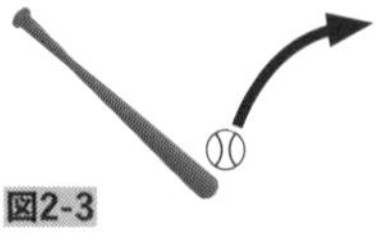

ヘッドが下がった軌道でのスイングになる

図2-3
第2メカニズムのバットの軌道（上から）

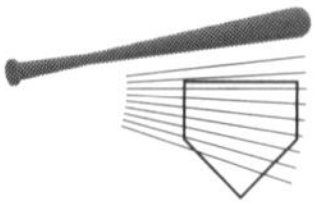

ボールをフェアゾーンに飛ばすためには、身体よりも前側でインパクトする必要がある

打つときは、打球角度を大きくする必要があります。それがこの違いに表れており、特に一度下方向に下がっていることがわかります。動きとしては、方向づけ系はバットだけを走らせておき、腰や肩はあまり回転をかけずにバットの方向づけをします。対して強打系は引っ張るときと同じくらい腰や肩を回転させ、下からバットが少し遅れて出てくるようないわゆる縦振りのスイングをします。

インパクト時の2つのメカニズム

　これまで述べてきたことを、メカニズムの観点から紹介したいと思います。流し打ちのメカニズムには、方向づけ系の第1メカニズムと、強打系の第2メカニズムがあります。第1メカニズムは図2-1で、ヘッドが地面と平行に近ければバットの角度と同じ方向に打球が飛ぶことを表しています。バットとボールの方向が一致するためにライト方向に飛ぶという、当たり前ともいえるメカニズムになり

図3 2つの流し打ちのインパクト位置の違い

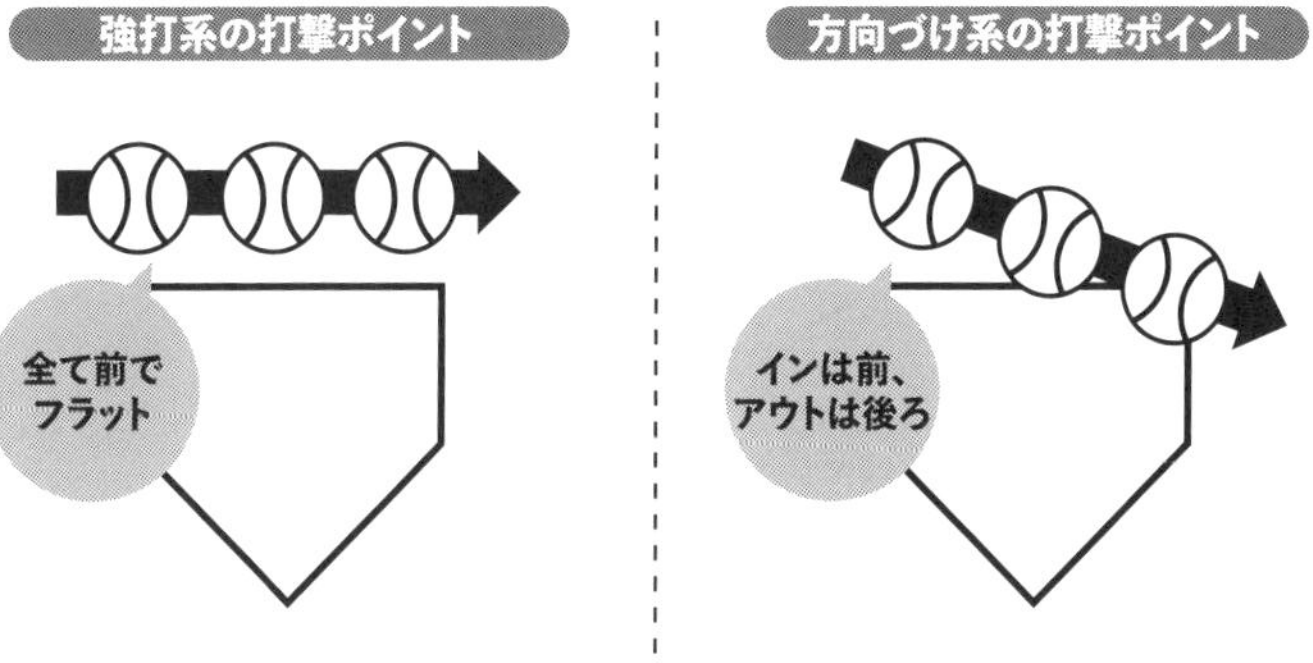

インパクト位置の基本として教わるのが方向づけ系になる。強打系の場合にはフェアゾーンに入れるために、インパクト位置が異なる

ます。

一方で、第2メカニズムのスイングは、図2－2のようにバットのヘッドが下がります。そして、その状態で図2－3のように身体の前側でインパクトするため、入射角と反射角の関係で逆方向にフライが上がります。この2つのメカニズムのインパクト位置が図3です。第2メカニズムですが、難しさの1つが打球をフェアゾーンに入れることです。インパクトする位置が身体寄りになると打球がスライスになりやすく、ファウルになります。つまり身体の前でボールを捉えることで、フェアゾーンかつ強打が打てるのです。

そう考えると誰しもが第2メカニズムで強打を狙いたくなりますが、それを妨げる要因がミートポイントの幅がとても小さく繊細といえます。特にプロ野球など超一流の世界での活躍を目指す選手たちは、ぜひこの理論を踏まえたうえで、強打系の打ち方の習得を目指してもらいたいと思

表2 大谷翔平選手のMLBでの打球方向

シーズン	打球方向		
	レフト	センター	ライト
2018シーズン	24.9%	41.3%	33.8%
2019シーズン	31.7%	38.1%	30.2%
2020シーズン	22.3%	36.9%	40.8%
2021シーズン	22.9%	30.6%	46.6%
2022シーズン	27.8%	36.2%	36.0%
2023シーズン	25.2%	37.8%	37.0%
2024シーズン	24.0%	32.6%	43.4%
通算平均	25.5%	36.2%	38.3%

あらゆる方向にまんべんなく打てていることがわかる。しかもこのデータには当然ながら長打やホームランなども含まれている。まさに理想的なバッティングである

出典：MLB公式サイトより

っています。逆にそこまでの技術が習得できなかったり、目指そうと思わない場合には、方向づけ系の打ち方を習得してください。冒頭でも述べましたが、あらゆる方向に打てることは、野球の戦略において非常に大きな意味を持ちますし、監督の立場なら、そうした技術を持った選手を重用したくなるものです。

最後に大谷翔平選手のMLBでの打球方向をまとめた表を載せます（表2）。改めて見ると、あらゆる方向にまんべんなく打てていることがわかります。それも彼の場合は多くの長打を含みます。どのくらい異次元の野球をしているのかが垣間見えるデータです。

いずれにしても、このパートで紹介したように戦術や戦略面からもバッティングと向き合うことが大切です。そして核となる自分の基本技術を身につけること。そして流し打ちのようにさまざまなピッチャーに対応できる技術を身につけること。こうしたことも含めてバッティングを捉えてください。

第4章

目指す
バッティングとは!?

テーマ1

バッティングの本質とは

バッティングを語るうえでの大前提

川村　バッティングには万能がない

井脇　ピッチャーとバッターには共通項・相違点が混在する

川村　これまでのパートでは研究や解析の結果を基軸にバッティングを解説してきました。ここからは、コンディショニングのスペシャリストである井脇さんとバッティング・トークをしたいと思います。

井脇　さまざまな場で子どもたちや親御さんと触れ合う機会があるのですが、多くの方が「大谷翔平選手のようになりたい、育てたい」と思っているようです。あれだけのスーパースターですから気持ちはわかります。

川村　我々もプロの選手に憧れて真似しましたから、それはそうでしょうね。

井脇　そういう想いを否定したくはないですし、少しでも近づけるようなヒントは伝えていきたいと思っています。そこで川村先生に、バッティングの本質を聞きたいと思っています。

川村　とても難しいテーマですが、まず１ついえることは「バッティングには万能がない」ことです。いい換えると「これが絶対に正しい」という技術はありません。例えば稀代のヒットメーカーであるイチロー選手ですが、どのようなコースでもヒットにする技術を持ちあわせています。ところが、どのようなコースでもホームランにできるかというと、そうではありません。ホームランを打つためには手を出してはいけないコースがありますから。これまで「バッティングは対応の技術」と述べてきた理由の１つといえるでしょう。

井脇　「常に10球中10球をホームランにできれば、絶対に正しいこと」になるのかもしれませんが、それは流石に現実的ではありませんし……。僕は学生野球などにおいては、必然的にすべてのポジションに対してアドバイスすることになります。ところが、パーソナルトレーナーとしてのかかわりは、工藤公康氏にはじまり、現在の田澤純一投手に至るまで投手を担当することがほとんどでした。そのため、どうしてもピッチャーの観点からの思考が多くなります。しかし改めてポジション特性などを考えると、ある程度自身のペースで投げられるピッチャーと、相手ありきの対応を求められるバッターとではまったく違いますよね。

川村　またバッティングの評価で難しい点の１つに、「よいスイングではないけれども試合でヒットを打てた」といったことが挙げられますよね。

井脇　それは例えば、「練習ではものすごく身体が開くスイングをするけれども、いざ試合になるといろいろな要素が絡み合ってよい場面で活躍するケースも少なくないということですね。先ほどの子どもたちに、まずは何を伝えるとよいでしょうか？

川村　指導者も選手も理解していないことの１つに、「バットを使ってプレーする」という点が挙げられます。バットはいろいろなスポーツのなかで最も重い打具です。そのためスイングするとバットの先の重さで下がりやすくなります。さらにいうと、バットを１００％自分の意志どおりに動かすことはできません。こうした事実を理解したうえで練習をしなければ、よいスイングの習得にはつながらないと思います。

井脇　フォームにしろ、スイング自体にしろ、理解をすることは本当に大切です！　僕らの時代は雑誌に掲載された１つのフェイズや連続写真を見て、想像を膨らませていました。ところが、今の時代はＳＮＳや動画サイトで手軽に好きなときに何度でも見られます。どちらにせよよくない傾向は、自身のタイプや状況に照らしあわせたうえではなく、まず目についた動きを正解と考え、答えあわせのように真似をすることだと感じます。

川村　本校にもＳＮＳを見て真似る選手は多くて。それで本質を捉えられたり、自分と合ったスイングであればメリットがあるのですが、そうでないことが多いのです。ある選手が縦振りのスイングを取り入れたことがありました。どんな意図があるのかと思って尋ねると「打率を上げたいんです」との返答。また後で述べますが、縦振りは横振りと比べてインパクトが難しくなるため、「それはちょっと……」と思ったことがありました。

井脇　僕もいろいろな学校やチームに行かせてもらい、さまざまなカテゴリーの選手を見ていますが、同じ現象が起きています。バットの重さが及ぼす影響の他に伝えたいことはありますか？

川村　選手たちがキャンバスだとすると、小中学生や高校生の最初の頃は真っ白か、それに近い状態です。そうすると我々指導者が何かしらの色を与える必要があります。私の場合は再三いっているインサイドアウトのスイングを習得してもらうことですが、指導者の方々が考えているスイングをまずはやらせてみることがよいと思います。そこで選手一人ひとりを見て、「このほうがいいかな？」などの修正をしていく感じでしょうか。

井脇　では、高校生の中盤以降から大学生に差し掛かる頃はどう考えますか？

川村　その頃になると自分の色がついていますから、その色をどのように活かすかを考えます。そこでまずいのが、変な色に染まってしまうことです。先ほど井脇さんがいったＳＮＳや動画サイトはその典型ですよね。こうしたところは、「よい選手やよい動きのいいとこ取り」をします。バッティングの本質は２つあって、１つはしっかりと重心移動をすること、もう１つは体幹とバットの動きをあわせてバットをミートポイントに運ぶことです。ここを整理したうえで取り入れることができればいいのですが、それができていないのにいいとこ取りをしようとすると、まず失敗します。

井脇　なるほど。子供の頃は基本的なスイング、つまり身体操作を身につける段階で、高校生になると自身の目指す像と現状を鑑み、マッチングさせるようなイメージですね！　ところで、頑張って自分の色はついたけれども、濁った色をしているような選手にはどう接しますか？

川村　指導者は長期的に根気よく選手たちと接し、ときにはフォローすることが大事です。スイングを一旦リセットしたり、新しい動きを習得するには時間がかかります。そしてその過程では、ほとんどの選手が打てなくなる時期を迎えます。時間をかけて習得してきた技術は、「このボールに対してこうすれば打てる」といったことが身体に染みついています。それまで打てていたボールが打てないとなると、選手が不安になるのは当然ですし、その時期が非常に嫌なわけです。そういった時期にこそ「それでいいんだよ」といったメンタル面のケアや、改善している部分に目を向けさせるといったフォローが指導者の大切な役割だと思います。それにどのバッターにも打てないコースはありますので、そうしたコースに対しては「ファウルにする」「見逃す」など、マネジメントの要素も同時に伝えられるといいですよね。本当に指導者にも根気がいる期間になりますが。

井脇　ＳＮＳには「１週間でスイングスピードが10㎞／ｈ上がった」みたいな短期ですぐに成果が出るような謳い文句もありますからね。

川村先生が仰るとおり、それはあくまでも一要素であり、絶対要素、つまり試合における打撃向上や総合能力に直結するとはいい切れないと僕も考えています。カテゴリーや持っている技術にもよりますが、習得にひと冬くらいは必要ですかね？

川村　根本を変えようとしたらひと冬でも難しいです。2、3年かかる可能性もあります。だからこそ戦略や戦術とあわせて伝えることが大事になります。例えば2割5分を3割にしようとする場合、大学野球であればヒットが3本くらい増えたらその打率になります。ということは、ボールのセレクトができることでクリアできる可能性が高まります。数字だけでいうとプロ野球でも年間15～20本くらいでしょうか。このくらいの修正であれば、マネジメントで対応できると思います。ところが「逆方向に強打を打つ」「これまではゴロが多かったがフライを打てるようになる」といったことになると、先ほどいったくらいの時間がかかるでしょう。

井脇　僕の専門分野のコンディショニング、いわゆる身体の使い方や機能性を高める場合にも、やはり時間がかかります。前に川村先生から聞いた話ですが、近藤健介選手（福岡ソフトバンクホークス）は、以前はヒットメーカーのイメージでしたが近年はホームランも打てる選手になったと。そのために夏場の体重が落ちる時期でも、どれだけ疲れていてもウエイトトレーニングをしているそうですからね。大谷翔平選手のフィジカルトレーニングも有名な話ですし。

川村　バッティングには、絶対にフィジカルが必要ですから、のちほど井脇さんにじっくりと解説してもらいたいですね。

テーマ2

バッティングに必要なフィジカル機能 その①

バッティングにフィジカルは必要不可欠

井脇 バッティングにはいろいろな正解があるともいえる

川村 強化するポイントは大きく4つに分けられる

川村 バッティングに絶対はないと述べましたが、「バッティングにはいろいろな正解がある」ともいえます。私はずっと研究と指導をしていて、科学や研究結果から見たよいバッティングについては、ある程度お伝えできると思っています。その反面、バッティングに対して自分の見方が凝りかたまっていないかと危惧している面もあります。バッティングに対して、「まっさらな形で見る」ことが必要だと考えています。

井脇 この企画が立ち上がった際に、改めて古今東西、いろいろな選手のバッティング動画をチェックしました。大きく分類できるなと感じたのは下半身です。骨盤・股関節の動き（使い方）について、股関節の内外旋を動員する、つまりねじれを活かすタイプ（日本人に多い）と骨盤の並進性を活かすタイプ（海外に多い）に大別できるかと。もちろん、どちらのタイプがいい、悪いという訳ではありません。一人ひとりが理想像として持ちうる身体機能、ここが大切だと再確認できました。

川村　これまでのパートでバッティングについていろいろと述べてきましたが、ここからは井脇さんの力を借りたいなと思います。「理想とする動きをするためにはどうすればいいか」「どの筋肉を使えばいいか」といったポイントを、井脇さんの知見を基に解説してほしいなと。細かい機能的な話が聞きたいという、私のお悩み相談みたいな感じです（笑）。

井脇　相変わらず要求レベルが高い（笑）。私の考えるバッティングに必要な機能を大きく分類すると、①骨盤の使い方、②地面接地下での操作性と代償運動（足裏での接地下と膝つき下での接地の操作性の違い）、③支持機能（支持脚と踏み出し脚）、④胸郭の動きと肩甲骨との関係性や捻転差（ねじれ）の獲得でしょうか。腕から手先にかけての操作性（ハンドワーク）も重要な要素ですが、非常に個別性・多様性に富むため、川村先生にお任せしようかと……。

川村　まずは骨盤の使い方について教えてください。

井脇　これはどちらが優劣というよりも、考え方や使い方から「回旋型」「スイング型」の2つに分類しました。川村先生が仰っていた重心移動につながる要素です。以前、渡米した際に知り合いの息子さんが所属し

スイング型のスイングの例

大谷選手の場合は頭の位置を動かさず、お尻を移動させることで体重移動を行っている

回旋型のスイングの例

多くの日本人選手は踏み込み脚の方向に体重を大きく移動させ、大きなパワーを生み出している。その際に頭が大きく動く

ているチームのコンディションについてアドバイスする機会がありました（チームのカテゴリー的には高く、日本の小学校高学年から中学生くらい）。確か30～40人くらいでしたが、身体も日本人のその年齢では考えられないサイズ（体格）でした。さまざまな人種がいたので筋肉のタイプは違いましたが、筋量は驚くほど多い。動きもダイナミックなのですが、とにかく股関節の柔軟性が乏しいことが共通していたのです。特に内外旋。なかには「昔からピラティスに取り組んでいるよ」と、意気揚々とチェックに臨んだ子もいましたが、いざやらせてみると悶絶していました……。彼らは出力系の機能は高いのですが、それに比して回旋系の機能（柔軟性）は低い。そして、特徴的なのは殿筋群のボリューム（筋量）がしっかりあることです。これが「スイング型」の使い方の傾向であり、パワーを伝えやすい使い方なのだろうと感じました。対してアジア系の選手たちは柔軟性が高い傾向にありました。これが「回旋型」のスイングを行える理由の1つかと感じています。つまり下半身からの力を総動員（連動）して力を発揮する、この2つは人種的な身体機能から派生されてきたものだと感じます。

川村　股関節が動かせない選手は本当に多いですね。井脇さんの話とリンクする重心移動から全身の連動につながる話ですが、私はステップをしてお尻の位置が動くようなスイングをしてもらいたいと思っています。これには2通りあって、1つはお尻の動きに伴って頭の位置が動くスイング。「回旋型」ですね。もう1つは頭の位置をほとんど動かさずに重心移動によってお尻が動く「スイング型」です。

井脇　日本人選手に多く見られる現象として、股関節の機能を効率よく使えないためにステップ時に重心が上がったり、太ももの前側（大腿四頭筋群）が優位に働いてしまって膝がつま先よりも前に出てしまい、バランスのよい姿勢や操作性が難しくなることなどが挙げられます。このような代償運動が起きてしまうと、川村先生が言われたようなお尻の位置が動くような重心運動ができないことにつながります。

日本人選手に多く見られる現象として、股関節の機能を効率よく使えないためにステップ時に重心が上がったり、太ももの前側（大腿四頭筋群）が優位に働いてしまって膝がつま先よりも前に出てしまい、バランスのよい姿勢や操作性が難しくなることなどが挙げられます。このような代償作用が起きてしまうと、川村先生が言われたようなお尻の位置が動くような重心運動ができないことにつながります。

支持機能のところでも触れますが、この大腿四頭筋群優位の構えの場合、多く見られるのは中殿筋や内転筋群、丹田（おへその下あたりの部分）が使えていません。そのため、操作性や安定性、再現性が乏しくなる傾向にあります。本来は、股関節と骨盤、それぞれを操作できるようなさまざまな能力が求められるのです。

川村　そうですね。回旋動作を使ったバッティングは、パワーに劣る日本人選手が全身を連動させてボールを飛ばす打ち方です。そのため将来的にどのようなスイングをすることになっても、股関節の内外旋の動きができるようになるトレーニングはしてもらいたいですね。

川村　次は足裏接地での操作性と膝つき接地での操作性について教えてください。

井脇　これはピッチャーにも共通することですが、足裏が地面についていると自由度が高い反面、動きのごまかしができてしまいます（メリットとしてもデメリットとしても）。いい方を変えると、足裏荷重をしている場合には、先ほど述べた代償運動が生まれる確率が上がります。これは見落とされがちですが、重要なポイントです。例えば、出力系筋肉の大腿四頭筋が優位になって重心が上がったり、中殿筋や内転筋など股関節の操作に関与する機能が変わり、上体が前傾したりします。一方で膝立ちなど、足裏が地面に接地していない状態になると、自由度は下がりますが代償作用が生まれにくく、ごまかしが利きません。そのため、同じエクササイズでも膝立ちで行うと、いろいろな違いを感じたり、刺激を得られることになり、よい動きの感覚がつかめます。そして得たよい感覚を、立位でも行えるようにすることが膝立ちのエクササイズの目的です。

川村 パート2で胸郭の回旋を解説したのですが、やはりここもうまく使えない選手が多いです。特によい縦振りは胸郭を立体的に動かしますし、横振りでの「間」を取る際も胸郭による上肢と下肢の一瞬のずれが必要になります。足裏を地面につけないことで難易度が高くなりますが、習得を目指してもらいたい動かし方です。

井脇 打撃のように支持脚・踏み出し脚がそれぞれ独立して（反面協調しあって）機能されることを考慮して、両膝を平行に接地するだけではなく、片側の脚を伸ばしたり、脚の位置を少し前後のポジションで接地したうえで取り組むなどの方法があります。パート6で紹介するエクササイズでは、その応用編も紹介しています。それぞれで工夫を凝らして内容を展開させるのもよいでしょう。

テーマ 3

バッティングに必要なフィジカル機能 その②

バッティングにフィジカルは必要不可欠

川村 立ち姿勢のよさはバッティングに直結する

井脇 姿勢が崩れると体幹の力が活かせなくなる

川村 続いて支持機能、支持脚と踏み出し脚についての解説をお願いします。

井脇 先ほども述べましたが、殿筋群と内転筋群、腹圧が同時に機能している立ち姿勢がないと、よい力の発揮にはつながりません。その重要な要素の1つが支持脚で立つことであり、支持脚（軸足）に力をためるともいえます。そしてきちんとした姿勢ができていないと、バッティングにおいて姿勢を保持した状態での踏み込みができず、いわゆる腹が抜けた状態（上半身主導のスイング）に陥ってしまいます。インパクト時のミートポイントが前気味でも後ろ気味でも、踏み出し脚にきちんと体重を乗せることが非常に重要です。

図1 よい地面反力

脚を踏み込む力で地面からの反力をもらう。身体を回転させる軸を前脚の内側に作る

図2 悪い地面反力

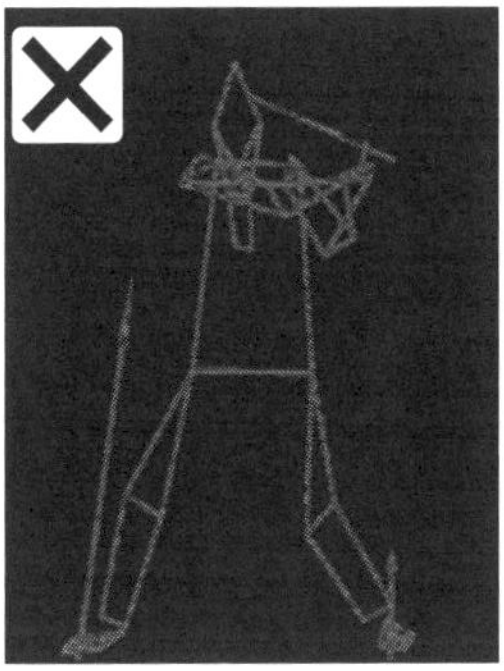

地面からの反力が身体の外方向に向いてしまうと、回転するための軸が作りにくくなる

川村　村上選手のスイングなどは、一見すると後ろ脚で踏ん張っているように見えます。そうした現象を見ているからなのか、「後ろ脚に体重を残せ」という方がいますが、これは見た目だけで判断しているよくない解釈の例ですよね。井脇さんがいったように踏み出し脚に体重を移動することで球威に負けないパワーが生み出せるのですから（詳しくは42ページの地面反力・上の画像）。パート5ではシーソーを使った体重移動の練習ドリルを紹介しますが、こうしたドリルをしていただくと、どれだけしっかりと体重移動をする必要があるかを体感できると思います。

井脇　あとは踏み出し脚が接地した際、ピッチャーと同様に「半身」の姿勢が確保できていることも重要なポイントです。いい換えると、ピッチャーに対して、身体の正面を早く見せてしまうような動きを我慢する動作と表現できるでしょう。こうした半身の姿勢が確保できると、4つ目の動きにつながります。

川村　ステップによる体重移動ですが、重心を動かすと次の回転動作が起こりやすくなったり、その動きに伴ってバットが出しやすくなったりします。イチロー選手のバッティングがその典型例です。こうしたメリットがある反面、重心移動が大きくなるほど目線がぶれやすくなります。この相反する要素の適量を見定めることも非常に重要ですし、そのためにはステップと同時によい姿勢の保持もキーポイントになりますね。

井脇　以前に川村先生とある大学との合同練習に参加した際、その大学の監督から「筑波の選手たちは立ち姿がすごくいいね」といわれたことがありました。近年の筑波の選手たちを見ていると、ヘッドスピードが速く、よくバットを振れていると感じます。これは膝などを曲げた屈曲系の姿勢ではなく、自然な感じで立った状態からスイングするということの意識づけの成果だと思っています。

川村　それは嬉しい言葉ですね。キネマティックス（運動学）では、動作を見て起こっている現象からアプローチしますが、よいバッターの膝の角度や角速度には、ほぼ一致した動きはありません。そういう意味では下半身の動きを一度整理する必要がありますが、井脇さんが述べたそれぞれの脚の機能と立ち姿勢、姿勢の保持は確かに重要です。あとは下半身にはタイミングを取るという役割があることですね。

井脇　長年、川村先生とさまざまなタイプの選手を見てきました。例えばピッチャーのチェックポイントの一例として、ボールを投げる前の立ち姿や、ワインドアップからコッキングフェイズでの姿勢で、その選手の動作の傾向を推察することができます。そのくらいピッチングにおいて支持脚（軸足）での立ち姿勢は重要になります。これはバッティングにもいえることだと考えています。やはりスイング動作に入る前にいかに「よい立ち姿勢」になり、支持脚への我慢（ため）ができているかがチェックポイントになります。そこから始動というプロセスになっていれば、「ボールの見極め」や「タイミングの確保」などバッティングに直結する効果が得られると思います。

川村　最後に胸郭の動きと捻転差の獲得をお願いします。

井脇　バッティングにおいて必須となる要素は、「下半身」「体幹」「上半身の捻転差」です。インパクトまでに上半身をすぐに開かずに粘るためには、肩甲骨から胸郭、そして骨盤の協調性の高さによるところが大きくなります。そして、この粘りが変化球や球速差のある投球への対応につながります。さらに、配球面や球種のトレンドによる要素も加わるでしょう。ＭＬＢやＮＰＢのみならず、高校や大学といった学生野球でも球速帯が上がっているからこそ、対応力のあるバッティング技術の習得が急務となります。人の目は、横の動きよりも縦の動きに対応することのほうが難しいという特徴があります。例えばスライダーやカット系よりも、カーブ、スプリット、チェンジアップなどのスピードにギャップがある球種に対して弱い傾向にあります。そうした状況に対応するためには、捻転差が重要だと考えます。また、高校生については金属バットから低反発に変更となったため、打球が飛ばなくなっています。速いボールに対抗するトレンドのスイングに目が行きがちですが、それはあくまでも１つの要素であり、さまざまなシチュエーションに対応できる機能を身につけることも大切だと思います。

川村　すぐに身体が開いてしまったり、変化に対応できないバッターは確かに多いですね。それから強いスイングができたとしても、バットの軌道が安定しない選手も目立つように思います。重さのあるバットでスイング軌道を安定させるためには、捻転差などによる体幹の力をバットに伝えていく動きが本当に大切になります。

井脇　胸郭や捻転差の機能性を高めるエクササイズの多くは、力を放出するというか出力を高めることが目的です。今回は姿勢を保持したままひねりを作る要素を加え、ためてから放出というエクササイズも考えましたので、ぜひそちらも実践してもらいたいと思います。腹斜筋など体側をしっかりと使う必要があり、「身体を固めて打つ」動きにつながるでしょう。

川村　バッティングにはどうしても、ピッチャーが投げてから手元に届くまでという時間の制約があります。バッターは予測、判断、スイング動作などやることがたくさんあるため、どうしても１つの要素に集中しきれない部分があります。井脇さんのエクササイズは場所を選ばずにできるため、ぜひ自宅などでも反復してもらいたいですね。パート６では、ここで挙げていただいた４つの機能を高めるエクササイズが出てきますが、実施時に気をつけてもらいたいポイントはありますか？

井脇　これまでの共著である『ストレートの秘密』や『変化球を科学する』でも口酸っぱくいっていることですが、「目線」がポイントだと考えています。エクササイズに集中しすぎたり、そのエクササイズの取り組みの正誤を確認しようとする場合、どうしても目線が下がりがちです。そして、目線が下がると腹圧が抜けやすくなり、腰が引けます。さらに、骨盤の正常な位置が確保できなくなったり、首が前に出た状態、つまり上半身や肩甲骨の操作がしにくい前方偏移になり、姿勢が崩れてしまいます。そして、姿勢が崩れることで正しい力の発揮がしにくくなります。こうした状態でのエクササイズを繰り返すと、代償運動（変な癖）がついてしまうことも考えられます。目線を正面に向けることはなかなか習慣化できませんので、エクササイズを実施するたびに気をつけてもらいたいと思います。川村先生はパート5でバッティングドリルを紹介しますが、先生からの注意点などはありますか？

川村　私が紹介するドリルは、ある動きや感覚の習得を強調しているものが多いです。そのため、ドリルを実施しただけでは、過度な動きや強調した動きを行ったに過ぎません。ぜひドリルを実施した直後にトスやティー、ロングトスを行ってほしいと思います。強調した動きを本来の自分のスイングに取り入れることで、バッティングの質を高めることができるからです。

テーマ 4

バッティングにまつわるエトセトラ

いろいろな視点を持つことで自分のバッティング論が作られる

川村　**独りよがりはよくないが、自分のバッティング理論を持つことは大切**

井脇　**選手の動きをじっくりと見続けることで、新しいエクササイズが日々生まれる**

川村　今回の書籍の制作にあたって、井脇さんとはいろいろな話をしましたね。このパートのテーマからそれた内容もありましたが、バッティングをいろいろな角度から見たり、それぞれの考えを口に出すことで、新しい一面が見えてくることがあります。先ほど「バッティングをまっさらな状態で見る必要があるかもしれない」と述べました。これは自分のバッティング理論に囚われすぎてはいけないという意味がありますが、同時に指導者には、自分のバッティング理論を持つ必要性があります。そして日々勉強や研究をし続けることで自分の理論をブラッシュアップしたり、よりロジカルなものにしていくことが大切だと思います。多少テーマからそれたことでも、井脇さんと話したことが皆さんのヒントになるかもしれませんので、少し振り返りながら考察していきたいと思います。

井脇　川村先生に改めてお尋ねしたいことがあります。僕が田澤純一投手に帯同して渡米し、何シーズンもアメリカの野球を観て感じたことですが、日本とアメリカの大きな違いの1つにノックの能力があると感じました。正直な話、メジャーやマイナーをはじめ、多くのコーチはゴロもフライもびっくりするほどコントロールされた打球を打てませんでした。日本ではノックが上手な指導者をたくさん見てきましたので、カルチャーショックを受けたものです。このことの推察として、バットの操作性やノッカーとしての一連の動き、巧緻性などと関連があるのではと思いまして……。

川村　私が前提として伝えたことは、通常のバッティングとノックの違いは時間に囚われるか否かでした。ノックはどのような打球を打つにせよ、時間的な猶予を自分でコントロールすることができます。そういう意味では似て非なる動きだと思います。

井脇　その答えを聞いて、シチュエーションが違うから比例はしないと解釈したのですが、その認識でよかったですかね？

川村　前提となる条件は異なりますが、例えば狙った方向に打球を飛ばすとか、ある一定の範囲にフライを上げるなど、自分の意志と連動してバットを動かす（打つ）という意味では、手先だけに頼らない身体の効率的な使い方が身につきやすいと思います。バッティングは対応の技術ですから、いろいろな打球を打つこと

バッティングとノックの違いは「時間の制約」があるか否かになる

は、自分のバッティングにとってプラスになると考えられます。

井脇　ノックについてはバットコントロール、つまり操作性（ハンドワーク）を考えた際に、プレーヤーとノッカーとの関連性があり、そこにヒントがあるのかなと思って出した質問でした。もう1つ感じたことは、アメリカや台湾では「置きティー」での練習が多いことです。特にメジャーやマイナーのプレーヤーは「スイング型」の身体操作で打ちますが、こうしたことも「置きティー」での練習比率が多い一因でしょうか。

川村　もちろんバッティングの重要な要素として、ミートポイントまで安定した軌道でバットを運ぶことや、強いスイングスピードを作り出すという本質的なポイントがありますから、自分主導の練習も大切です。少し話がそれるかもしれませんが、自分主導の練習の代表例として素振りがあります。私も素振りは大切な練習方法だと思いますが、そこには「たくさんボールを打った経験がある人には」という前提がつきます。我々が子どもの頃はとにかく素振りをしてよいスイングを身につけようとしましたよね。ところがこの年代は、よいスイングが何かを知らないわけです。プロ野球選手や社会人野球の選手たちは、ヒットやホームランなどたくさんの打球を飛ばした経験があります。その経験に基づいてボールを飛ばす感覚やイメージを持っているため、よい素振りができます。ところがそうした経験がない段階では、素振りをすることで変な身体の動かし方が身につくリスクもあります。だからこそ、経験が少ない時期は実際にボールを打つこと。それもできるだけ強い打球を遠くに飛ばすことを繰り返してもらいたいと思います。時間はかかりますが、それが後々、よい練習としての素振りができるレベルにつながります。

井脇　工藤公康氏はよく「バッターを打ち取るためには空間の左右・高低・前後をどのように使うかが大切だ」という話をされていました。逆の立場からすると、バッターがボールを判断・認識・対応（反応）するためには、いわゆる「空間認知能力」が重要だということになります。田澤投手がアメリカで投げていた２０１０年代と現在では球速帯も変わり、変化球の傾向、それに伴った配球、さらにピッチクロックなどによって大きな変化が生じています。現在のバッターは数年前と異なり１００マイル（１６０㎞／ｈ）近いファーストボールをバンバン打ちます。ところがその反面、緩急差の大きいカーブやチェンジアップなど、ひと昔であれば「甘い失投」であったボールを思いのほか打てなかったり、打ち損じたりします。昨年、川村先生とメジャーやマイナーの試合を観戦した際にもその話はしましたけど、配球面や空間認知能力の問題もありますが、やはりスイングするための準備段階である「しっかりと立つ」ことができないことも一因かと思います。

川村　「どのように立つとよいのか」は、私も非常に悩んでいるところです。指導者がよく口にする言葉に「早くタイミングを取れ」があります。例えば軸足に体重を乗せて立った状態ですよね。ところが選手たちは軸足にしっかりと乗せることができません。乗せられないと身体がどんどん前に突っ込みます。そうするとバットが身体から離れるため、身体に巻きつくようなよいスイングができなくなります。王さんの1本脚打法に代表されるようにしっかりと立つことを何とか伝えたいのですが、井脇さんが紹介してくれる「しっかり立つ」エクササイズを実践して身につけさせたいと考えています。そうすれば工藤さんがいわれていた左右と高低、前後の崩しに対抗できる早いタイミングの取り方ができるのかなと。

井脇　川村先生からは、オーソドックスでもいいからバッティングに必要な筋群を鍛えるトレーニングがあってもよいといわれましたが、今作でもオリジナルエクササイズが中心になってしまいました（笑）。講習会に行くと多くの指導者から「（暗に）映える練習方法を教えてください」といわれます。選手の練習に対するモチベーションや興味の1つには、物珍しさや新鮮さがあるからでしょうね。もちろん川村先生からリクエストされた本質の強化を目的としたエクササイズであることは間違いありません。

川村　井脇式だからそれでいいと思いますよ（笑）。

第5章

バッティング力を高める練習ドリル

動画は
こちら

TRAINING 01

身体を安定させてボールを遠くに飛ばすロングティー

練習DATA

時間や回数 15～30球程度

特別な道具 -

しっかりとバットを振り、ボールを遠くに飛ばすことが目的のドリルです。全力でバットを振る際に身体がぐらつかないよう、頭が上から引っ張られているような身体の軸を意識します。スイングに癖があるからといってすぐに修正しようとすると、バットを強く振ることができなくなりますので、定期的にこの練習をしましょう。

5m程度離れた位置からトスを上げてもらう

とにかく全力でスイングをし、ボールを遠くに飛ばす

動画は
こちら

インサイドアウトを身につける① TRAINING 02

ネットの間でバットを振り インサイドアウトを身につける

練習DATA

時間や回数 15～30回

特別な道具 ネット（ゲージ）×2

両サイドにネット（ゲージ）を置きます（間隔は1m程度）。ネットの間でスイングをし、できるだけネットにバットが当たらないように振りきります。グリップを前に出してスイングに入る動きや最後にヘッドを加速させる動きが覚えられます。身体が開きやすいスイングの強制的な修正方法としてもおすすめのドリルです。

1mくらいの間隔で両サイドにネットを置く

グリップを前に出してスイングに入る

最後にヘッドを走らせる。よいスイングができるとバットがネットに触れない

身体が開いたりスイングと同時にヘッドが動くとバットがネットに当たってしまう

動画はこちら

手首を意識してスイング

練習DATA

時間や回数 15～30回

特別な道具 -

スイング時に手首を返す動きと返さない動きを行います。どちらの手首の使い方が向いているかを知り、自分に合ったスイングを覚える練習です。また試合では、状況に応じて手首の動きを使い分ける必要があります。どちらの使い方もできるようにまずは素振りをし、慣れてきたらトスを上げてもらって実際にボールを打ち返しましょう。

手首を返さないスイング（素振り）

1 グリップから動かしてスイングに入る

2 手首を返さないようにして振りきる

手首を返すスイング（素振り）

1 グリップから動かしてスイングに入る

2 手首を返しながら振りきる

手首を返すスイング（トス）

タイミングを合わせて
グリップを出していく

手首を返しながら
インパクトする

手首を返さないスイング（トス）

タイミングを合わせて
グリップを出していく

手首を返さないように
インパクトする

ワンポイント！

これまで述べてきたように、変化球をファウルにしたり、打ち返したりする場合には、どちらの手首の動きも必要になります。得意不得意はあって当たり前ですが、どちらの使い方もできるようになることで、攻撃時の戦略・戦術に大きく影響します。試合で使ってもらえる選手になるためにも、ぜひ練習してください。

動画は
こちら

テープを張った
ラインに沿ってスイング

練習DATA

時間や回数	15〜30回
特別な道具	テープやひも

ピッチャーが投じたボールは手元に来るまでに4〜7度の角度で落ちることはすでに述べたとおりです。その軌道に沿ってテープを張り、テープにぎりぎりバットが当たらないようにスイングをすることで、よいスイング軌道を覚えられます。こうして覚えた軌道を意識して素振りをすることで、よい動きが身につきやすくなります。

手元側に4〜7度下がるようにテープを張り（おおよそでOK）、その軌道に沿ってバットを出していく

テープに触れるか触れないかぎりぎりの軌道でスイングをする

動画は
こちら

インサイドアウトを身につける④ TRAINING 05

棒やバットにゴムをつけて力の出し方を覚える

練習DATA 時間や回数	15〜30回
特別な道具	ゴム、ゴムボール、棒（一部）

棒やバットの先端にゴムを巻きつけ、キャッチャー方向からゴムを引っ張るようにします。この状態からグリップを出していくことで、全身を連動させた力の出し方が理解できます。また脚の間にゴムボールを挟むことで、内転筋をしっかりと締めた状態でのスイングがやりやすいため、全身が連動しやすくなります。

棒やバットの先にゴムをつけてキャッチャー方向から引っ張ってもらう。また両脚でゴムボールを挟む

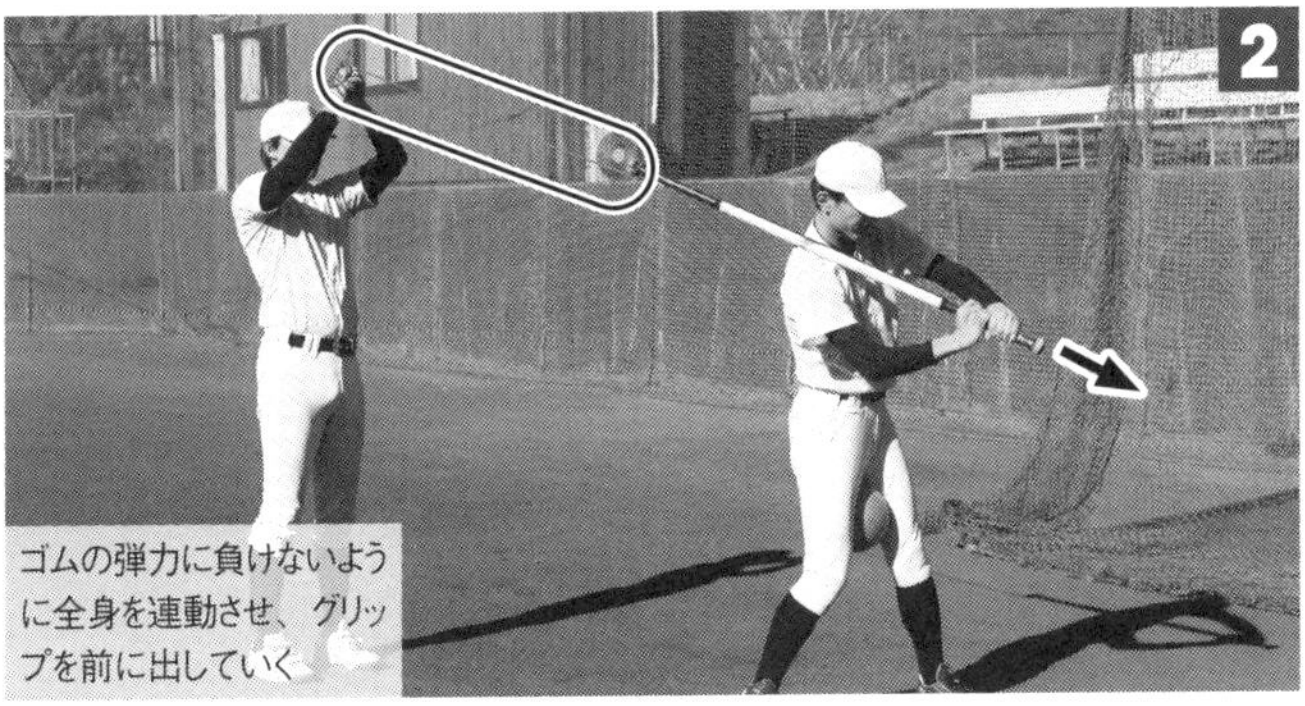

ゴムの弾力に負けないように全身を連動させ、グリップを前に出していく

動画は
こちら

インサイドアウトを身につける⑤ TRAINING 06

塩ビ管を通したボールを使って軌道を確認する

練習DATA

時間や回数 計15～30回

特別な道具 塩ビ管を通したテニスボール、ひも、ネット

テニスボールの真ん中に穴を開けて塩ビ管を通し、塩ビ管にひもを通します。ひもをネットとキャッチャーミットに括りつけ、そのボールをマウンドから投げます。ボールの軌道を見ることで軌道の予測ができ、併せてバットを動かすことでタイミングが身につきます。アウトコースやインコース、高めや低めなどミットの位置を変えて軌道を確認しましょう。

1

塩ビ管を通したボールにひもを通し、ネットに括りつけて8割程度の力で投げてもらう

2

ボールの軌道を予測したり、どの位置にバットを出していけばよいかを確認する

動画は
こちら

インサイドアウトを身につける⑥ TRAINING 07

先に重さがかかる
長い棒を振りきる

練習DATA
時間や回数 15〜30回
特別な道具 長めの棒や竹竿

長さのある竹竿や棒をスイングする場合、力を入れて振ろうとしてもうまくできません。インサイドアウトのスイングのようにグリップ側を前に出し、スイングのきっかけを作ることが重要です。このような始動ができれば、長い棒が自動的に走っていく感覚が身につけられます。よい感覚を覚えたらすぐにバットに持ち替えてスイングしてみましょう。

1
長い棒や竹竿を持ち、グリップ側を前に出してスイングのきっかけを作る

2
よい始動ができたら棒が自動的に走るという動きを感じられる

動画は
こちら

シーソーに乗り
体重移動を使ってスイング

練習DATA

時間や回数 15〜30回

特別な道具 シーソー

地面からの反力が身体の内側に向かって働くためには、適切な体重移動が必要不可欠です。スムーズな体重移動を身につけたり、実際にできているかを確認するためには、このシーソーを使ったドリルが最適です。まずは素振りで体重移動を確認し、その後にトスバッティングをしてみましょう。トスでは体重移動のタイミングも重要です。

シーソー上で素振り

板
単管
シーソーは
単管と板で
作れる
※ビスで固定

1 軸足（後ろ脚）にしっかりと体重を乗せて立つ

2 重心を並進移動させて前脚側に体重を移動していく

3 前脚に体重が乗った状態でヘッドを走らせる

4 このように体重移動とスイングを連動させる

シーソー上でトスバッティング

軸足に体重を乗せて構える

ボールの軌道に合わせてタイミングを取りながら体重移動

前脚に体重を移してからヘッドを走らせる

体重移動をしっかりと使ってボールを打ち返す

ワンポイント！

前脚がうまく踏み込めない選手の多くは、両脚の外側の筋肉を使っています。両脚でゴムボールを挟むイメージで、両脚の内側の筋肉を使いましょう。また、バットよりも先に身体が回るとシーソー自体が回転してしまいます。シーソーが前後にだけ動くようなスイングができれば、よい体重移動とスイングができているサインになります。

動画は
こちら

タイヤに後ろ脚を乗せてスイング

練習DATA

時間や回数 15～30回

特別な道具 タイヤ

体重を乗せて踏み込むことができずに、身体が前に突っ込むスイングの矯正になる練習ドリルです。また軸足にしっかりと体重を乗せて立つ動きも確認できます。3秒程度後ろ脚に体重を乗せた状態から体重移動をしてスイングすることで、しっかりとためを作った体勢からバットを振ることができます。

1 後ろ脚側にタイヤを置く

2 軸足に体重を乗せて軸足1本で立つ

3 前脚に体重を移しながらスイング動作に入る

4 しっかりとバットを振りきる。トスで行ってもOK

動画はこちら

スイング力を上げる③ TRAINING 10

タイヤに前脚を乗せてスイング

練習DATA

時間や回数 15～30回

特別な道具 タイヤ

体重が後ろ脚に残ってしまい、のけぞったようなスイングの矯正になる練習ドリルです。また前脚1本に体重を乗せてスイングを終える動きも確認できます。体重移動の成否を確認するために、フォロースルーのときに後ろ脚を上げます。後ろ脚をタイヤに乗せるドリルもそうですが、このドリル後に再びシーソー上でスイング(112ページ)してみましょう。

1 前脚側にタイヤを置く

2 軸足1本に体重を乗せるつもりで立つ

3 前脚に体重を移しながらスイングする

4 しっかりとバットを振りきり、前脚だけで立つ

動画は
こちら

股割りスイングで体重移動を強化

練習DATA	
時間や回数	15～30回
特別な道具	-

大きく脚を広げた状態から体重移動をしっかりと使ってスイングします。このドリルも体重移動が苦手な選手の矯正に最適です。またチェンジアップなどの変化球に対しては、この状態から片手でバットを振ることでファウルを狙えます。近年流行っている前脚を突っ張るスイングは落ちる変化球に弱いため、この打ち方も覚えておきましょう。

1 大きく脚を開いて立つ。身体の軸を真っすぐにする

2 軸足にしっかりと体重を移動させる

3 前脚側に体重を移動させながらスイングする

4 しっかりと前脚に体重を乗せてフォロースルー

動画は
こちら

スイング力を上げる⑤ TRAINING 12

傾斜板で股関節を入れ替えてトスを打つ

練習DATA

時間や回数	15～30球
特別な道具	傾斜板×2

両脚を傾斜板に乗せることで、ゴムボールを挟んだときのように脚の内側の筋肉が働きやすくなります。この動きと連動して前後の股関節を入れ替えるようにスイングします。体重移動の強化に加えて、股関節の動きの確認と習得、下肢の筋力アップトレーニングにもなります。また、L字アングルを傾斜板の代わりに使ってもOKです。

1 傾斜板に両脚を乗せて立つ

2 軸足側の股関節に体重を乗せて立つ

3 ボールの軌道に合わせて両脚の内側を使いながらスイング動作に入る

4 前脚側の股関節に体重を乗せた状態で打ち返す

動画は
こちら

左腕を使ってメディシンボールをサイドスロー

練習DATA

時間や回数 10回程度

特別な道具 メディシンボール(2kg程度)、ビニール袋

メディシンボールをビニール袋に入れて持ち、サイドスローの要領で投げます。利き腕と逆側の腕(前側の腕)をしっかりと使うことでバットを出す動きの強化ができます。特に体幹を活かしたスイングをするためには、前側の腕の働きがとても重要になります。また体幹自体の強化にもつながる練習ドリルです。

道具の準備

2kg程度のメディシンボールを使う

メディシンボールをビニール袋に入れる

メディシンボールを投げる

ビニール袋の先を両手で持つ

身体の前方向に向かって袋を回しはじめる

身体が引っ張られないようにしっかりと両腕を身体のほうに引きつける

両腕を引きつけた状態で回す

左腕で袋を引っ張る意識を持ち続ける

サイドスローの要領で身体の前で袋を投げる

ワンポイント!

ビニール袋が真っすぐ飛ぶように投げます。ピッチャー返しやセンター返しのイメージです。前腕をしっかりと使えないと、真っすぐに袋が飛びません。前腕を使う感覚がつかめたらバットに持ち変えて素振りをしたり、トスバッティングで実際にボールを打ってみましょう。

動画は
こちら

棒にぶら下がって腰をツイスト

練習DATA
- **時間や回数** 10往復程度
- **特別な道具** 鉄棒、ゴムボール（一部）

上半身と下半身のねじれを強制的に作ることで、股関節周りや胸郭を回旋させる動きを養います。またひねりを強化することで、スイング時にヘッドを走らせる動きも身につきます。また両太ももの間にゴムボールを挟むことで、両脚の内転筋を緊張させた状態での回旋という連動性の強化も行えます。

脚が宙に浮くくらいの高さの棒にぶら下がる

上半身は正面に向けたまま下半身を右側に回旋させる

上半身は正面に向けたまま下半身を左側に回旋させる

動画は
こちら

スイングに負けないパワーをつける③ TRAINING 15

取っ手つきの メディシンボールを投げる

練習DATA

時間や回数 15回程度

特別な道具 取っ手つきのメディシンボール

118ページで練習したサイドスローの動きと右ページの股関節や胸郭の回旋を使い、取っ手つきのメディシンボールを投げます。全身をしっかりと連動させ、遠くに強くメディシンボールを投げることを心掛けます。ピッチャー返しやセンター返しのように、真正面にボールが飛ぶように投げます。

片手で取っ手を持ち、反対側の手はメディシンボールの下に当てる

上半身と下半身のねじれを利用してスイング動作に入る

真正面にメディシンボールを投げる

動画は
こちら

取っ手つきのメディシンボールで両腕をねじる

練習DATA

時間や回数 10往復程度

特別な道具 取っ手つきのメディシンボール

このドリルは利き手ではないほうの手が弱い選手の腕の強化が目的です。はじめは左右の回旋量に差が出ると思いますが、これができるだけ同じくらいになるように練習してください。このドリルを実践したあとはトスバッティングなどを行い、部分的な練習で得た感覚や動きを実際のバッティングでも感じてください。

取っ手つきのメディシンボールを両手で持つ

両腕をねじってメディシンボールを回す

両腕を逆方向にねじってメディシンボールを回す。できるだけ左右差をなくす

動画は
こちら

スイングに負けないパワーをつける⑤ TRAINING 17

トランポリンに乗って トスバッティング

練習DATA

時間や回数	15～30球程度
特別な道具	トランポリン×2

トランポリンのような不安定な足場の上に乗ってトスバッティングをします。不安定な足場の上で確実にボールを捉えるためにはパワーを発揮するだけでなく、ポジション（姿勢）や身体の軸も必要になります。このドリルではポジションや身体の軸を作ることも目的になります。全力でスイングすることがポイントです。

トランポリンの上に乗って構える。
トスを上げてもらう

トスされたボールを
確実に捉える

動画は
こちら

コンパクトな動きで連続ティー

練習DATA	
時間や回数	15〜30球程度
特別な道具	-

これまで紹介してきた練習ドリルの要素をまとめた総合練習です。しっかりと股関節の入れ替えを行い、下半身を使って、手打ちにならないようにバックスイングを取ることがポイントです。素早く連続して打つため、動作が雑になる選手もいますがそれではよい効果が得られません。正しいスイングで素早く打つことを心掛けます。

しっかりとバックスイングを取る

全身を連動させてボールを打つ

素早くスイング始動の構えに戻る

1回ずつ確実に正しい動きのバックスイングを取る

ワンポイント！

指導者の間でトスバッティングには賛否があります。私は「正しいスイングでボールを捉えることができればよい練習になる」と考えています。ところがスピードを優先してスイングが崩れる、しっかりと捉えていないなどの症状が表れる場合には、効果的な練習とはいえません。この場合にはトスをする前に素早い連続素振りをしてみましょう。

動画はこちら

片手打ちで手首が回外する感覚をつかむ

練習DATA

時間や回数 15～30球程度

特別な道具 テニスボール、テニスラケット

前側の手でボールを打つ練習ドリルです。ラケットの重さによってインパクト後、自然に手首が回内しやすくなります。その際にラケットを立てるようにして手首を回外させる感覚をつかみましょう。この感覚がつかめたらバットに持ち変えて片手でボールを捉えていきます。体幹や腕の筋力の強化にもなります。

1 テニスラケットを前側の手で持って構える

2 タイミングを合わせてスイングをはじめる

3 しっかりとボールを捉える

4 手首が回内しないようにラケットを立てていく（回外）

動画は
こちら

スイングを総合的に鍛える③ TRAINING 20

ベルトをつかんで片手打ち

練習DATA

時間や回数 15～30球程度

特別な道具 -

片手打ちのドリルをすることで、引き手と押し手の使い方を再確認します。またバットから離したほうの手でベルトを持つことで、身体の軸がぶれにくくなります。さらに、バットの軌道が安定する効果も得られます。押し手だけでスイング、引き手だけでスイングをしたあとは、両手でトスバッティングをすると効果的です。

引き手だけでスイング

引き手でバットを持ち、右手でベルトを持つ

引き手1本でボールを捉える

押し手だけでスイング

押し手でバットを持ち、左手でベルトを持つ

押し手1本でボールを捉える

動画は
こちら

ワンバウンドをためて打つ

練習DATA
時間や回数 15〜30球程度
特別な道具 テニスボール

落ちるボールや球速の遅いボールに対応するために、しっかりとためを作った打ち方を磨きます。トスをする側はテニスボールをワンバウンドさせます。バッターはためを作りながらタイミングを取り、よい位置でインパクトします。この練習でためをつかんだら、フリーバッティングで変化球を打ちましょう。

ワンバウンドしたテニスボールに対してためを作って待つ

ちょうどよい位置でインパクトし、鋭い打球を飛ばす

動画はこちら

変化球&ファウルの打ち方をつかむ② TRAINING 22

落ちるボールを片手でさばく

練習DATA
時間や回数 15〜30球程度
特別な道具 -

127ページの引き手での片手打ちと同じような練習ですが、山なりにトスしてもらったボールに対してためを作り、身体の前側で打ち返します。この打ち方を「前でさばく」と呼びます。真っすぐを待っていたときに、変化球が来て対応する必要がある場合に有効です。また前でさばくことでファウルにすることもできます。

引き手でバットを持ち、右手はベルトを持つ

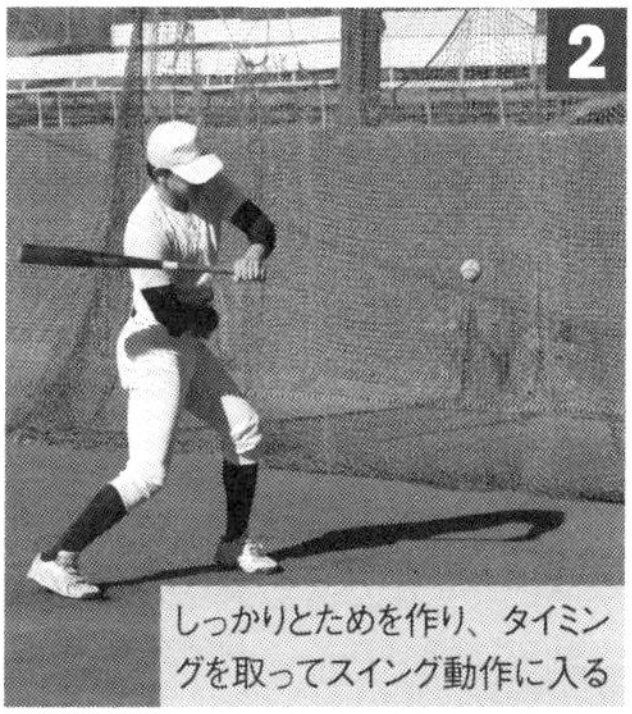

しっかりとためを作り、タイミングを取ってスイング動作に入る

身体の前側でインパクトを狙う

正確にボールを打ち返す

動画は
こちら

前からのボールを横方向に打つ

練習DATA

時間や回数	15球程度
特別な道具	-

2ストライクに追い込まれたケースなどで、難しいボールをさばいてファウルに逃れるときに使える打ち方です。できるだけボールを引きつけ、バットを強く振って横に飛ばします。スイングの速度が遅ければボールを飛ばすことができません。しっかりとボールを見ながら一気にバットを振りましょう。

1 正面からトスを上げてもらう

2 十分に引きつけてから一気に強振して横に飛ばす

動画はこちら

出力を上げる TRAINING 24

メディシンボールを使ったパワートレーニング7種

練習DATA

時間や回数 各5～10回程度

特別な道具 メディシンボール（3～5kg程度）

5kg程度のメディシンボールを使った7つのトレーニングを紹介します。重さのあるメディシンボールを使うことで、大きな出力が必要になります。身体を連動させ、ひねりから力を発揮させることが目的です。身体的に負荷の大きいトレーニングのため、万全な状態の場合にのみ各種目5～10回を目安に行ってください。

01 メディシンボールを上げて360度回す

1 メディシンボールを頭上に上げる

2 腕だけでなく全身を連動させてメディシンボールを回す

3 360度回したら、逆方向に回す

4 右回りと左回りを1回として行う

02 メディシンボールの高さを変えずに左右にねじる

腕と地面が水平になるくらいの位置でメディシンボールを持つ

メディシンボールの高さを変えずに左右にねじる

勢いをつけずに3~5秒ほどかけてゆっくりとねじる

03 メディシンボールを∞の軌道で回す

メディシンボールを持ってバッティングのトップの姿勢を作る

対角線にメディシンボールを振り下ろす

振り下ろした勢いのまま逆サイドのトップの位置まで動かす

身体をねじって向きを変える

再び対角線にメディシンボールを振り下ろす

この動きを繰り返す

04 メディシンボールを真上に高く投げる

メディシンボールを両手で持ち、しゃがんで力をためる

投げてから
落ちるまでの
時間を競っても
よい

全身を連動させて真上に高く投げ上げる

05 メディシンボールをサイドから投げる

横に構えてメディシンボールを両手で持ち、振りかぶる

できるだけ大きな出力を発揮して遠くに投げる

06 トスされたメディシンボールをキャッチしてサイドスロー

ペアになりメディシンボールをトスしてもらう

両手でキャッチしたらトップの位置まで持ってくる

そのまま大きな出力を発揮して遠くに投げる

07 メディシンボールを上から遠くに投げる

メディシンボールを両手で持って上で構える

勢いをつけずに全身を連動させてできるだけ遠くに投げる

動画はこちら

お手本となるインサイドアウト

バックスイングが大きくならないようにスイング動作に入る

力を抜いて肘が自由に動くようにし、グリップを前に出していく

ここからは指導の現場でよく目にするNGスイングと解消するためのポイント、そして効果的な練習ドリルを紹介します。その前に比較となる理想的なスイング「インサイドアウト」のポイントを改めて紹介しておきます。インサイドアウトのスイングの動画も掲載しているので、自分のスイングと見比べてヒントにしてください。

上半身を回転させてバットをインパクト位置に運ぶ。 結果としてヘッドが加速する

下半身が回転しても上半身が残る「割れ」や「ため」の状態ができる

NG① 後ろが大きくなる（バットドロップ）

無理に縦振りのスイングをしたり、ヘッドを加速させようとすると起こりやすいスイングです。身体の後ろ側（トップからスイング始動時）が大きくなると、バットはヘッドの重さで大きく下がります。そのバットを無理やり振り上げようとすることで、バットの軌道が安定しないスイングになってしまいます。

✕ NGスイング 後ろから

スイングの始動時にバット全体が身体から離れる

身体が開き、グリップが前に出てこない

ヘッドの重さで軌道が安定せず、窮屈なスイングになる

ボールに力が伝わらない手打ちのスイングになってしまう

動画は
こちら

改善のための練習ドリル

トスをコンパクトにスイングする

後ろが小さくなればよいスイングということではありません。力まずにグリップを前に出していくコンパクトなスイングを意識しつつ、それでいてボールが飛ぶような効率的なスイングを身につけましょう。そのためにはトスバッティングで、よい感覚を見つけます。

5mほど離れた位置からトスを上げてもらう。 ボールは山なりでもよい

しっかりとタイミングを取り、 力まずにコンパクトなスイングをする。 ボールがしっかりと飛べばOK

NG② 手首が早く返ってしまう（こねる）

典型的な動きは両腕が伸びた状態でのスイング（ドアスイング）をすることで、インパクト前後から手首が返ってしまう動きです。腕が伸びるとグリップが支点となってバットが回るため、ヘッドが遠回りをします。そうすることでバットの重さに耐えられず、手首が早く返ってしまうのです。

NGスイング 横から

スイング始動時にグリップが前に出てこない

腕が伸びてしまいヘッドが遠回りをする

バットが身体から大きく離れ、大振りになる

バットの重さに耐えられずに手首が早く返ってしまう

動画は
こちら

改善のための練習ドリル

バットを肩に乗せた状態から スイング

この症状を改善するためには、後ろ側の手（引き手）をしっかりと前に出していくことです。バットを肩に乗せた状態からスイングしようとすると、必ず一度、グリップを前に出す必要があります。このようにグリップを動かしてから、バットをボールに近づけるイメージでバットを振ります。このドリルでインサイドアウトのスイングが身につきます。

バットを肩に乗せて構える

バットを振ろうとするとグリップを前に出す動きしかできない

その結果、楽にグリップが前に出てくる

引き手が使えているため、スイング後半のこねる動きもなくなる

NG③ 肩がすぐに開いてしまう

スイング時に肩がすぐに開く選手は、腕だけでバットを振ろうとする傾向にあります。先ほどのこねる動きでも述べましたが、腕だけでバットを振るとグリップを支点にしてバットが回転します。するとヘッドが身体の遠くを回るため、安定性のない軌道かつ大振りのスイングになってしまいます。

NGスイング 横から

構えでバットのヘッドが前に大きく出てしまう

スイング始動時にすぐに肩が開いてしまう

身体が先に回ってしまい、手打ちのスイングになってしまう

ボールに対して強い力が加えられなくなる

動画は
こちら

改善のための練習ドリル

ケトルベルを上げてから落とす

肩の開きを抑えるためには、腕と肩、肩甲骨も含めた、連動したスイングを行うことです。鎖骨あたりに意識を持ち、バットを振ります。5kg程度のケトルベルを担いでから落とすことで、腕だけでなく肩や肩甲骨が連動して動きます。この感覚を持った状態でトスバッティングをしてみましょう。

5kg程度のケトルベルを上に上げる

上げた状態からケトルベルを落とす（下げる）

ケトルベル

自然に肩や肩甲骨が連動して動く

NG④ 身体が前に突っ込む（捻転がない）

軸足に体重を乗せてから前脚に体重移動をするような動きがなかったり、体重移動時にピッチャー側に身体が移動してしまう症状です。本来であれば「割れ」や「ため」を作ることで身体が前に突っ込みにくくなりますが、上半身のねじれや胸郭の動きが少なかったり、そもそも動かないと突っ込んでしまいます。

NGスイング 横から

「割れ」や「ため」といった動きがまったく見られない

軸足に体重を乗せる動きが少ない

ヘッドが加速せずに完全な手打ちとなる

前脚へしっかりと体重移動ができていない

動画は
こちら

改善のための練習ドリル

ガニ股で構えてトスバッティング

捻転動作ができない選手は、短時間での上半身の切り返しができません。とても大事な動きですが、なかなか身につかないのが現状です。こうした動きを解消する練習ドリルがガニ股からのスイングで、この体勢から体重移動をしてバットを振ります。ドリルの難易度が高いため、112ページの練習と併せて行うのもよいでしょう。

ガニ股で構えてトスを上げてもらう

しっかりと体重移動をし、一瞬の切り返しを使って打つ

NG⑤ 身体が後ろに倒れる（アッパースイング）

体重移動ができないと身体を後ろに倒してしまい、アッパースイングになってしまいます。SNSで紹介されている流行りの打ち方を練習しすぎて、このようなスイングになる選手もいます。特に高校生くらいまでは身体ができていないため、このようなスイングをすると膝が落ちてしまい、きちんとバットが振れません。

NGスイング 横から

バットを構えた状態

前脚に体重が乗っていない状態でスイングに入る

膝が落ちてしまい身体がより後ろ側に倒れてしまう

結果としてしっかりとバットが振れない

動画は
こちら

改善のための練習ドリル

傾斜板でスイングして前脚1本で立つ

傾斜板を使うことで強制的に体重を前脚に移動させます。体重移動ができなければ膝が落ちてしまいますが、傾斜を利用することで高い姿勢のままスイングに入れます。またフォロースルー時は後ろ脚を上げます。こうすることで、確実に前脚に体重を移すことができます。慣れてきたらトスもやってみましょう。

傾斜板に軸足を乗せて前脚を上げる

傾斜を利用して体重を前脚側に運ぶ

膝が落ちないように高い姿勢でスイングする

最後は軸足を上げて前脚1本で立つ

NG⑥ 最後まで片手が離せない

最後までバットから手を離せないと、応用のバッティングがやりにくくなります。変化球やファウル打ちなど、片手を離して払うようなスイングをすることで対応しやすいボールがあります。そのためペッパーでアウトコースに投げてもらい、そのボールを打ち返すことで片手が離れるスイングが覚えられます。

NGスイング 横から

両手でスイングする

最後まで片手が離れず窮屈なスイングになる

動画はこちら

改善のための練習ドリル

ペッパーでアウトコース打ち

アウトコースのボールを打ちにいく

片手を離してスイングを終える

第6章

バッティングに必要な4つのポイントを高めるエクササイズ

バッティングに必要な4つのポイントとは

この4つのポイントとは、①骨盤の使い方、②下肢の操作性、③支持機能、④胸郭の動きと捻転差の獲得、となります。詳細はパート4で触れましたので、ここでは省略したいと思いますが、ここで紹介するエクササイズは、この4つのポイントを向上させることが目的です。そこで各エクササイズには、「骨盤の使い方」「下肢の操作性」「支持機能」「胸郭と捻転差」というアイコンを入れ、どの部位を中心に鍛えられるのかを表示しています。またエクササイズを「14の基礎機能」と「15の応用機能」に分けています。基礎機能は、野球選手であれば身につけておきたい基本的な身体の機能の発揮力向上を目指します。また応用機能は、バッティングの動きに近い動きと4つのポイントを連動させた内容です。成果が出るまで時間を要するエクササイズが多いのですが、誌面と動画を見ながらよい動きを繰り返してください。なお、どのエクササイズも真正面を見て行うことがとても重要です。目線を地面方向に下げてしまうと腹圧が抜けやすくなり、よい姿勢でない状態での取り組みになってしまいます。

4つのポイント

1	骨盤の使い方	重心の上下のブレをできるだけ制御されたなかで操作する
2	下肢の操作性	地面をしっかり捉えたうえで支持脚、踏み出し脚がそれぞれの役割を果たす
3	支持機能	バッティングという一連の流れのなかで「支持・保持する」機能が求められる
4	胸郭と捻転差	下肢から上肢、バットへ連動する際に重要な胸郭、肩甲骨周りを中心とした機能性を高める

動画は
こちら

基礎機能① EXERCISE 01

いろいろな屈伸運動で操作性と柔軟性を高める

練習DATA
時間や回数 計1分程度
特別な道具 -

骨盤の使い方 下肢の操作性 支持機能

エクササイズを進めるうえで、身体の機能性や柔軟性（可動域）を高めることがとても重要です。このエクササイズは準備運動としての意味合いが強くなります。例えば股関節の機能（柔軟性や操作性）が悪くなると代償運動を引き起こす可能性が高くなり、フォームの崩れや再現性の低下につながります。よい効果を生み出すために、ぜひ準備運動の習慣として取り入れて下さい。

深く屈伸

足裏全体に体重を乗せ、股関節を中心に動かす意識を持つ。身体の軸を真っすぐに保ったまま上下に大きく動く

足幅を広げて屈伸

足を肩幅よりも広めにし、大きく上下する。足裏全体に体重を乗せ、特に前後にぐらつかないようにする

膝を交互に地面に近づける

両膝に手を置いて深くしゃがむ。その姿勢から手の補助を使って、膝の内側を左右交互に地面に近づける

動画は
こちら

股関節の軸を回旋させる（立位）

練習DATA

時間や回数	左右5～10回程度
特別な道具	-

骨盤の使い方　下肢の操作性　支持機能　胸郭と捻転差

写真のように股関節の軸運動をしようとすると、上半身があおられたり、軸運動自体ができない選手を多く見かけます。まずは身体の軸を真っすぐに保ち、股関節から動かす意識を持ちます。そして軸足の足裏全体に体重を乗せてバランスを取ります。できるだけ回旋の範囲を広げましょう。

両腰に手を当てて真っすぐに立つ

軸足を支点にして反対側の脚を身体の前に出す

今度は身体の後ろ側に回す。軸を保ったままこの動きを繰り返す

よくあるNG 上体が前後にぶれる

真っすぐに立った状態

脚を前に出すときに上体が前傾してしまう

脚を後ろに回すときに上体があおられて後ろにそってしまう

ワンポイント！

この動きで重要になる要素の1つは、股関節の内外旋の動きであり、股関節の柔軟性です。股関節の可動範囲を確保できないと脚を自在に操作しにくくなり、上体がぶれてしまいます。まずは狭い範囲でもよいので、股関節を動かす意識とイメージを持ちましょう。

動画は
こちら

柔らかいボールを股に挟んで骨盤操作

練習DATA

時間や回数	左右10~15往復
特別な道具	ゴムボール(直径15cm程度)

骨盤の使い方　下肢の操作性　支持機能　胸郭と捻転差

体軸を作るための意識づけとして、両脚の間にゴムボールを挟んで操作することが有効となります。こうすることでお腹の下に力が入り(腹圧)、身体を支えられるようになります。こうして軸を作った状態から骨盤を左右に回旋させます。このエクササイズを行いながらフォームローラーなどを持ち、上体を捻じる動作も絡めると下半身との捻転差を生みだし、バッティング動作の基礎機能を高められます。

両脚の間にゴムボールを挟み、両手を腰に当てる

ゴムボールがずれないように挟みながら、骨盤を左右に回旋させる

ゆっくりとこの動きを繰り返す

動画は
こちら

基礎機能④ EXERCISE 04

骨盤平行スライド（立位・両膝つき）

練習DATA

時間や回数	左右10~15往復
特別な道具	チューブ（一部）

骨盤の使い方　下肢の操作性　支持機能　胸郭と捻転差

骨盤の操作性を高めるエクササイズです。身体の軸を真っすぐに保ったまま、骨盤をできるだけ左右に動かします。中殿筋というお尻の横側にある筋肉を使うイメージです。立ったバージョンと膝つきのバージョン、それぞれにチューブを加えた4つのバージョンがあります。膝つきバージョンは動画で詳しく紹介します。

1 両腰に手を当て、身体の軸を真っすぐに保って立つ

2 骨盤を並行に左右へと動かす

3 身体の軸がぶれないようにする

別バージョン

チューブを使ったバージョン。ピッチャー方向に向かって骨盤を水平に動かす

動画は
こちら

骨盤平行スライド運動（片膝つき）

練習DATA
時間や回数 左右10~15往復
特別な道具 チューブ（一部）

骨盤の使い方 下肢の操作性
支持機能 胸郭と捻転差

157ページの動画では、両膝をつけた状態で行う骨盤の平行スライドを紹介しました。このエクササイズは支持脚を曲げ、反対側の脚（踏み出し脚）を伸ばした状態にします。このように骨盤の動きに制限がかかる状態で、立位と同様に骨盤を左右にスライドさせます。まずはチューブなしで行い、動きに慣れたらチューブを使って負荷を高めます。

チューブを巻いて行う

1 お腹にチューブを巻いて片膝立ちになる

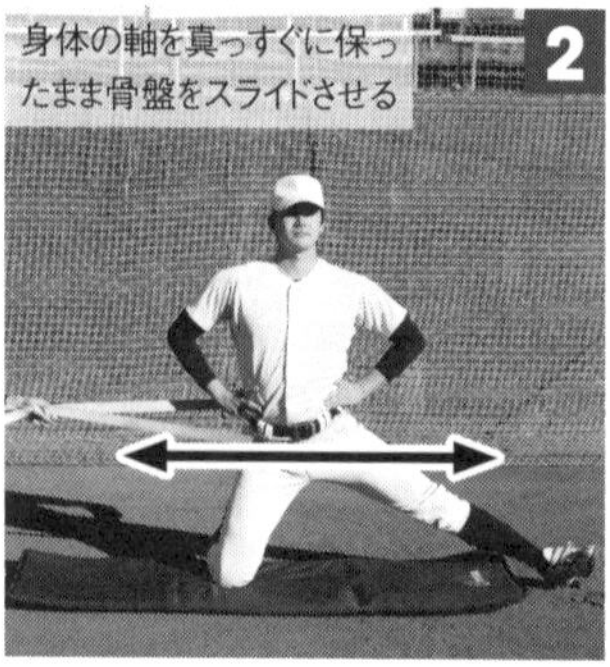
2 身体の軸を真っすぐに保ったまま骨盤をスライドさせる

まずはチューブなしで行う

1 膝立ちになって支持脚を曲げたままにし、踏み出し脚側を伸ばす

2 身体の軸を真っすぐに保ったまま骨盤をスライドさせる

動画は
こちら

基礎機能⑥ EXERCISE 06

アウフバウエクササイズ（仰向け・うつ伏せ・横向き）

練習DATA

時間や回数	10~15回程度
特別な道具	-

骨盤の使い方　下肢の操作性　支持機能　胸郭と捻転差

このエクササイズはドイツが発祥の「アウフバウトレーニング」といい、リハビリなどの際に機能の向上を目的として活用されています。コンディショニングの観点でも、操作性を高める目的として有効です。ポイントは反動をつけずに行うこと。はじめた頃は3～5秒かけて脚を上げ、同じ時間をかけて戻すくらいのリズムで行ってください。反動を使わずに脚の動きを自分の意志でコントロールします。

脚を横に倒す

1 寝転がって片脚を上げ、3~5秒かけて横に倒す

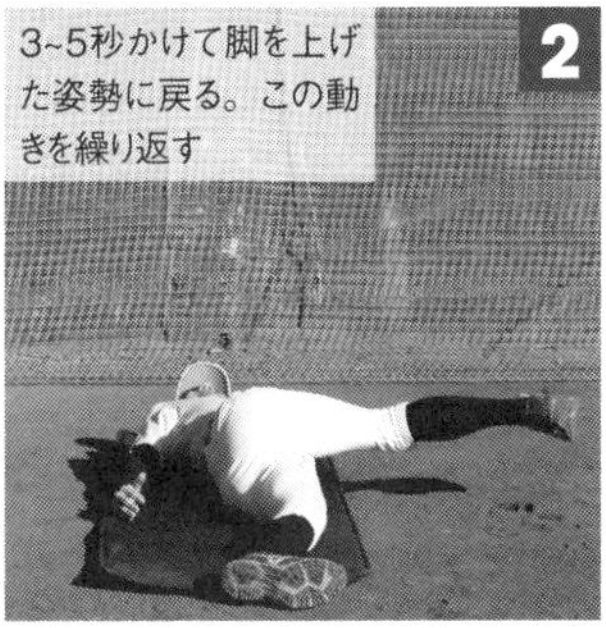

2 3~5秒かけて脚を上げた姿勢に戻る。この動きを繰り返す

脚を上げ下げする

1 寝転がって両脚を伸ばし、3~5秒かけて上に上げる

2 3~5秒かけて脚を下ろす

動画は
こちら

足首にチューブを巻いて殿筋強化（立位）

練習DATA

時間や回数	各10~15回程度
特別な道具	チューブ

骨盤の使い方　**下肢の操作性**　**支持機能**

壁に手をついて立ち、片方の脚を伸ばしたまま真後ろと斜め45度後方に上げます。このエクササイズを行うことで、殿筋（特に中殿筋）を中心に骨盤の安定性や操作性につながります。ここではチューブを使って負荷を高めるため、より強度の高いエクササイズになります。

斜め45度後方に上げる

1
足首にチューブを巻き、壁に手をついて立つ

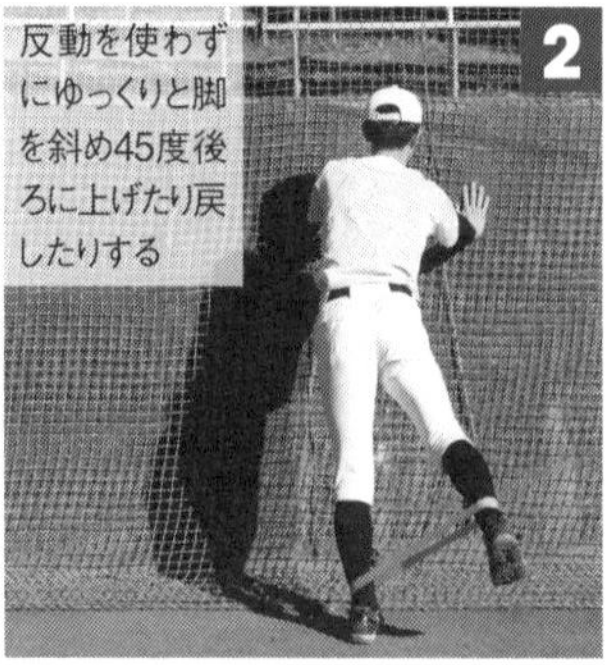

2
反動を使わずにゆっくりと脚を斜め45度後ろに上げたり戻したりする

真後ろに上げる

1
足首にチューブを巻き、壁に手をついて立つ

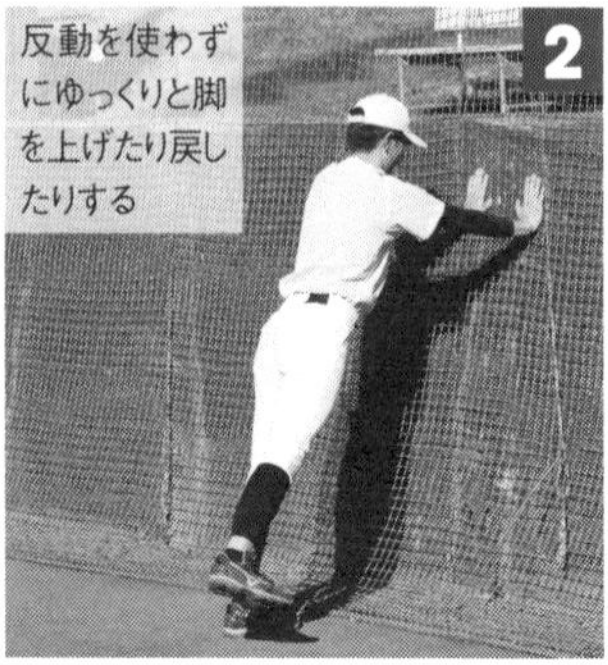

2
反動を使わずにゆっくりと脚を上げたり戻したりする

動画は
こちら

基礎機能⑧ EXERCISE 08

スライドパッドを用いて内転外転操作

練習DATA	
時間や回数	10~15回程度
特別な道具	スライドパッド、バット

骨盤の使い方　下肢の操作性　支持機能

スライドパッドはカップを置くコースターのようなもので、人工芝のような滑りやすい場所で行います。バッティングのイメージ作りの際は、踏み出し脚のほうにパッドを置き、その上に足を乗せます。そこから前に、姿勢の高さを変えずに水平に滑らせたり、戻したりします。ピッチャー方向だけでなく、いろいろな方向に滑らせましょう。

1
スライドパッド

バットを持って人工芝の上に立ち、踏み出し脚をスライドパッドに乗せる

2
ペアで行うと
重心の高さを
キープする感覚が
つかみやすい

重心の高さが変わらないようにしながら、いろいろな方向に滑らせたり、戻したりする

動画は
こちら

バランスボールを足部に挟み脚交差(仰向け)

練習DATA	
時間や回数	10往復程度
特別な道具	バランスボール(大)

骨盤の使い方　下肢の操作性
支持機能　胸郭と捻転差

よいバッティングに必要不可欠な要素として、腹圧のかけ方と内転筋との関係性があります。このエクササイズはバランスボールを両脚で挟むことで強制的に腹圧をかけ、同時に内転筋を働かせて股関節を動かします。また、仰向けで行うことで腹圧と股関節の同調を感じやすく、余計な動きを省いた強化ができます。

寝転がって両脚にバランスボールを挟む。バランスボールのほうを見ることで腹圧が高まる

バランスボールが上下しないように、腹圧をかけながらボールを左右に回していく

腹圧と内転筋を意識して行う。この動きができないためによいスイングができない選手が多い

動画は
こちら

基礎機能⑩ EXERCISE 10

バランスボールを持って イス座りスクワット

練習DATA

時間や回数 10~15回程度

特別な道具 バランスボール(大)、イス

骨盤の使い方 下肢の操作性 支持機能 / 胸郭と捻転差

スイングで姿勢が崩れる選手は、太ももの前側(大腿四頭筋)が優位に働き、並進運動を阻害する傾向にあります。このエクササイズは腹圧をかけながらお尻側の筋群を使って動くことと、重心の位置を確認することが目的です。座る場合も立つ場合も、つま先よりも膝が前に出ることはNGです。坐骨(お尻の下にある骨)で座って坐骨で立つイメージを持ちましょう。

バランスボールを持って地面と水平になるように腕を伸ばす。これで腹圧がかかりやすい

腕は地面と水平を保ったまま、膝が前に出ないように身体の後ろ側の筋群を使って座ったり立ったりする

スクワットやデッドリフトの正しい姿勢作りにもなる

動画は
こちら

前後左右にプチジャンプ

練習DATA

時間や回数	各10回程度
特別な道具	-

骨盤の使い方　下肢の操作性　支持機能　胸郭と捻転差

短い距離を前後左右にジャンプし、重心の位置を確認します。ジャンプする際はあまり上方に飛ばず、地面と水平に移動するイメージを持ってください。とてもシンプルなエクササイズですが、ジャンプをすると飛ぶときや着地時にふらつく選手をよく見かけます。スムーズにジャンプ移動するコツは、股関節の付け根を起点して動かすことです。

前後にジャンプ

両手を腰に当て、肩幅くらいに脚を開く

あまり踏み込まずに軽く前後に、両脚でジャンプする

常に姿勢が安定していることが重要。この動きと左右へのジャンプを組み合わせる

左右にジャンプ

両手を腰に当て、肩幅くらいに脚を開く

あまり踏み込まずに軽く左右にジャンプする

常に姿勢を安定させる。前後へのジャンプと組み合わせる

ワンポイント！

シンプルでも大切なエクササイズはたくさんありますが、選手たちが飽きてしまうことは大きな問題です。そこで「1回着地したらジャンケンする」「3回勝ったら終わり」などのルールを加えると、意外と選手たちは楽しみながらやってくれます。本来の目的を持ちつつ、このような工夫もしてみましょう。

動画は
こちら

チューブを持って左右に回旋（立位）

練習DATA

時間や回数 各20~30回往復

特別な道具 チューブ、バランスボール（大）とダンベル（代用）

骨盤の使い方　下肢の操作性　支持機能　胸郭と捻転差

左右の回旋運動、特に腕と胴体（胸郭）との捻転差を獲得するためのエクササイズです。このような動作を獲得する際には、どうしても腕で操作しがちになります。体幹のなかでも丹田（おへそあたり）を意識して胴体を回旋し、チューブを腕全体で操作しましょう。左ページのエクササイズでも同じ効果が得られます。

立位でチューブを持って回旋

ペアになる。エクササイズ側は両手でチューブを持つ

左右にゆっくりとチューブを引っ張る

姿勢がぶれないように丹田を意識してチューブを引っ張る

バランスボールに寝転がってプレートを左右に

バランスボール上に寝転がり、両手で5kg程度のプレートを持つ。

プレートを左右にゆっくりと動かす

この動きを繰り返す

ワンポイント!

大事な要素は両足の足裏全体で地面を押して踏ん張ることです。この動きがないと、プレートを動かしたほうに身体が流れてしまいます。また寝転がったときに膝が地面に対して直角になることも大切です。よい姿勢で踏ん張ることができれば、プレートを動かすことで自然と股関節の操作も習得できます。

動画は
こちら

ベンチに座って自転車のペダル漕ぎ

練習DATA

時間や回数	20~30回程度
特別な道具	ベンチやボックス、プレート(応用)

骨盤の使い方　下肢の操作性　支持機能　胸郭と捻転差

ベンチやボックスに座って両脚を浮かせます。その状態で腹圧をかけ、自転車のペダルを漕ぐように脚(股関節)を動かします。脚だけで漕ぐ動きをすると、よいリズムで続けることができません。上半身はリラックスし、膝の屈伸ではなく股関節のつけ根から操作する意識を持ってください。うまく操作できると骨盤も回旋されます。腹圧で股関節の操作をコントロールすることが重要です。

1
ベンチに座って両
脚を浮かせる
腹圧をかける

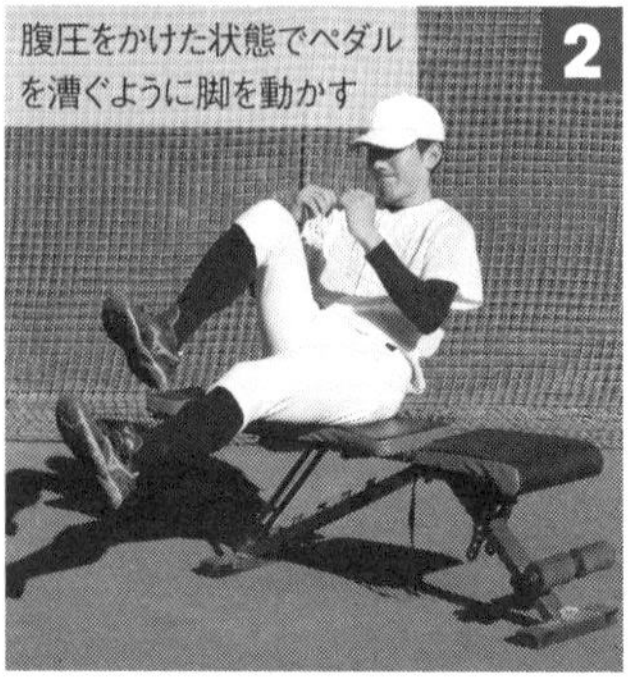
2
腹圧をかけた状態でペダル
を漕ぐように脚を動かす

3
できるだけリズミカルに行う

4
慣れてきたら軽めのプレー
トを持つとより高い負荷の
エクササイズになる

動画は
こちら

基礎機能⑭ EXERCISE 4

チューブを支持脚につけて片脚キープ(立位)

練習DATA
時間や回数 30〜40秒
特別な道具 チューブ、バランスパッド(代用)

骨盤の使い方 下肢の操作性
支持機能 胸郭と捻転差

身体を支える能力を高めるエクササイズです。殿筋と腹圧、内転筋で身体を支えられる姿勢をキープします。上体が前かがみになったり、そり返らないようにします。そのためにはこのパートの冒頭で述べたように、視線を正面に向けます。できるだけ毎日行ってもらいたいエクササイズです。

パッドの上で行う

足元は
できるだけ
靴下か素足が
よい

不安定なパッドでもできる。その上に乗り片脚を上げて姿勢をキープする

チューブを使って行う

しっかりと
脚を上げる

ペアにチューブを持って引っ張ってもらい、片脚で姿勢をキープする

チューブでも
同様に行うと
よい

慣れてきたら上げた脚を外側に開いてバランスをキープする

動画は
こちら

捻転スイング

練習DATA

時間や回数 20往復程度

特別な道具 フォームローラー
（バランスボールでもOK）

骨盤の使い方　下肢の操作性
支持機能　胸郭と捻転差

ここからは、よりバッティングで使う動きに特化したエクササイズを紹介します。まずはフォームローラーを使い、スイングの軌道で左右に振ります。ポイントとなるのは腹圧が抜けない、かつ濡れタオルを絞るイメージで身体を捻転させてスイングすることです。バランスボールを持って行っても同じ効果が得られます。

身体の軸を真っすぐにしたよい姿勢でフォームローラーを持つ

腹圧をかけたまま、全身を連動させてフォームローラーを左右にスイングする

身体の軸を真っすぐに保ったままスイングし続ける

腹圧が抜けて全身の連動ができていないと身体の軸が崩れる

動画は
こちら

応用機能② EXERCISE 16

円を描くように バランスボールを大きく回す

練習DATA	
時間や回数	右回りと左回り各10回程度
特別な道具	バランスボール（大）

骨盤の使い方　下肢の操作性　支持機能　胸郭と捻転差

バッティングでは、いろいろな方向にバットを出す必要があります。ところがその際に腹圧が抜けてしまうと、ボールを弾き返すようなスイングができません。このエクササイズは腹圧が抜けないよう意識しつつ、円を描くようにバランスボールを回します。腹圧が抜けてしまうと重心の上下のブレが大きくなり、身体が安定しなくなるので注意してください。

身体の軸を真っすぐにしたよい姿勢でバランスボールを持つ

腹圧をかけたまま、全身を連動させてバランスボールを円を描くように回す

腕の振りが小さくならないように回し続ける

骨盤が使えずに腕だけで回すと腰が落ちたり、長い時間大きく回せない

動画は
こちら

メディシンボールを使って対角への捻転を強調

練習DATA
時間や回数 10〜20回程度
特別な道具 メディシンボール

骨盤の使い方　下肢の操作性　支持機能　胸郭と捻転差

胸郭や股関節の操作性、重心への力の集約などを高めることが目的のエクササイズです。バットを持つとバットの重さや遠心力によって身体の操作性が変わったり、思い通りに動かせないケースがあります。バット以上の重さのあるメディシンボールを持つことで対角への捻転動作を強調し、力強い連動性の意識づけにつながります。

1

スイングのトップの位置にバランスボールを持ってくる

2
逆方向の動きも行うと支持脚の強化につながる

バランスボールを対角線に振り下ろすと同時に、振り下ろしたほうの脚を上げる

動画は
こちら

応用機能④ EXERCISE 18

バランスボールを持って サイドステップから止まる①

練習DATA	
時間や回数	10往復程度
特別な道具	バランスボール（大）

骨盤の使い方　下肢の操作性　支持機能胸郭と捻転差

支持脚だけでパッと止まるエクササイズです。支持脚だけで立つことは、バッティングにおいて重要な要素の1つです。お尻（殿筋）で身体を支える動きが不可欠になります。また左右にジャンプする際には、重心の軌道が山なりではなく水平、つまり並進運動になることが大切です。

バランスボールを持ち、身体の軸を真っすぐにして立つ

殿筋を使って片脚で立つ

反対側にジャンプする

飛んだほうの脚の殿筋でパッと止まる（片脚で止まる）。この動きを左右に繰り返す

動画は
こちら

応用機能⑤ EXERCISE 19

バランスボールを持って サイドステップから止まる②

練習DATA

時間や回数 10回程度

特別な道具 バランスボール（大）

骨盤の使い方　下肢の操作性　支持機能　胸郭と捻転差

173ページの動きに加えて、片脚で立つと同時にスイングのトップの構えを取ります。殿筋を使ってパッと止まると同時に肩甲骨を使って捻転しましょう。肩甲骨ではなく腕だけでトップを作ろうとすると、安定した姿勢で静止することができません。よい姿勢のまま一瞬でトップを作るイメージを持ちましょう。フォームローラーやメディシンボールを用いてもOKです。

1 バランスボールを持つ

2 踏み出し脚方向に軽くサイドステップする

3 支持脚方向に軽くサイドステップし、片脚でパッと止まりながらトップを作る

動画はこちら

応用機能⑥ EXERCISE 20

シャフトを担いで体重を平行移動

練習DATA

- **時間や回数** 10往復程度
- **特別な道具** シャフト(20kg程度)などの棒

骨盤の使い方　**下肢の操作性**　**支持機能**

できるだけ上下の運動を抑えて横方向に踏み出し、片脚を上げて止まります。動きはシンプルですが、ウエイトトレーニングで使うシャフトのように重さのあるものを担ぐことで、操作の正誤が出やすくなります。慣れないうちは木の棒など軽いものを使用してもOKですが、最終的には重さがあるものを担いで行ってください。

1 シャフトを担いで立つ

2 できるだけ上下に動かずに脚を横方向に踏み出し、片脚を上げて止まる

3 反対側に踏み出して片脚で止まる。この動きを繰り返す

動画は
こちら

応用機能⑦ EXERCISE 21

柔らかい棒をスイングして身体に巻きつける

練習DATA

時間や回数	20〜30往復程度
特別な道具	ゴム棒や塩ビ管などの柔らかい棒

骨盤の使い方　下肢の操作性　支持機能　胸郭と捻転差

スイング時のバットへの力の伝達方法や身体の可動域を覚えます。柔らかい棒を左右交互にスイングします。股関節を使って下半身から上半身へうまく力が伝わっていると、棒が身体に巻きつくようにしなります。うまく伝わらなければ棒は巻きつきません。身体の機能を向上することが目的のため、体軸を意識しつつ左右同じ動作になることがポイントです。

1m程度の棒をスイング

スイングをする

股関節を使って下半身の力を上半身に伝える

うまく力が伝わると身体に巻きつく。反対側も行う

より長い棒をスイング（2m程度）

さらに長い棒をスイングをする

股関節を使って下半身の力を上半身に伝える

棒が長くなってもうまく力が伝わると身体に巻きつく

ワンポイント!

これまでのエクササイズで覚えた、骨盤の回旋や並進運動の動きの応用ともいえます。棒が身体に巻きつかない場合は、腕だけで振ったり、手首をこねたりしている可能性があります。また肩甲骨と胸郭との操作性も重要です。棒を振ったり引きつけるときは、肩甲骨をスライドさせる意識を持ってください。

動画は
こちら

ウェイトプレートを持って切り返しスイング

練習DATA

時間や回数	左右15〜20回程度
特別な道具	ウェイトプレート（5kg）

骨盤の使い方　下肢の操作性　支持機能　胸郭と捻転差

おへそから下の連動性をつかむエクササイズです。5kg程度のウェイトプレートを両手で持ち、おへその前で構えます。大きく振る必要はありません。コンパクトに素早く切り換えるようにします。重心の位置を安定させられると、素早く切り換えることができます。

おへその前でウェイトプレートを持つ

身体の軸を真っすぐにして地面をつかみ、重心を安定させてプレートをスイングする

プレートを素早く左右にスイングする

動画はこちら

応用機能⑨ EXERCISE 23

押し手でチューブをつかんで押し出す

練習DATA	
時間や回数	10～20回程度
特別な道具	チューブ

骨盤の使い方　下肢の操作性　支持機能　胸郭と捻転差

スイング時の押し手でチューブをつかみます。そこから胸郭や肩甲骨を使ってチューブをインパクト位置あたりまで押し出します。このときに腕を伸ばしてチューブを押し出すと腕にしんどさを感じますが、うまく胸郭が使えると胸郭のあたりにしんどさを感じられます。胸郭の意識や動かし方のイメージをつかむこともできます。

押し手でチューブをつかむ

肩甲骨や胸郭主導でスイング動作に入る

さらにそこから胸郭主導でチューブをインパクト位置まで押し出す

押し手に棒を持って踏み出す

練習 DATA

時間や回数 10～20回程度

特別な道具 棒（2m程度）

骨盤の使い方 下肢の操作性 支持機能 胸郭と捻転差

脚の動きと腕周りの動きを分離して、それぞれを意図通りに動かせるようになることが目的のエクササイズです。バットだと腕周りを自由に動かすことができますが、棒を持つことで動きが制限されます。その制限によって、前に踏み出しながらタメを作る感覚を養います。バランスが崩れると前に踏み出せません。

押し手で棒を持って構える

棒を持った腕は動かさず、ピッチャー方向に踏み出す

動画はこちら

応用機能⑪ EXERCISE 25

引き手にチューブを持って支持脚の間を作る

練習DATA

時間や回数	10回程度
特別な道具	チューブ

骨盤の使い方　下肢の操作性　支持機能　胸郭と捻転差

支持脚で立って体重移行するまでの「間」と、踏み出し脚の操作性を覚えられるエクササイズです。バッティングでは引き手側の身体の開きが問題とされますが、このエクササイズではチューブを持つため、身体が開く動きを抑えつつ、下半身の操作が行えます。バランスが悪いとチューブの張力に負けて上体がぶれたり、意図しない場所に踏み出してしまうため、両脚の機能を使えているかわかります。

引き手でチューブを持ち、支持脚だけで立つ

引き手はチューブで引っ張られたまま、バッティングのように脚を踏み出す

動画は
こちら

応用機能⑫ EXERCISE 26

ステップしてからフォームローラーを押し出しスロー

練習DATA

時間や回数 5～10回程度
特別な道具 傾斜板、フォームローラー

骨盤の使い方 下肢の操作性 支持機能 胸郭と捻転差

179～181ページの押し手と引き手の動きに、脚の動きとの連動をミックスしたエクササイズです。ステップして傾斜板に支持脚を乗せてタメを作り、そこから真っすぐ前に踏み出します。同時に強い出力でフォームローラーを前に飛ばします（プッシング）。踏み出す方向がずれたり、連動のタイミングが合わないと真っすぐに飛ばせません。平地で行ってもOKです。

支持脚側に傾斜板を置き、フォームローラーの両面を持つ

傾斜板のほうにステップする

支持脚でがまんして力をためる

真っすぐにピッチャー方向へ踏み出す

押し手でフォームローラーを押し出して前に飛ばす

しっかりとフォロースルーをする

ワンポイント！

フォームローラーの代わりにメディシンボールを使ったバージョンもあります。この場合は壁のある場所が理想です。メディシンボールを持ってまったく同じ動きをし、壁に向かって投げつけます。その際にできるだけ強い力を発揮して押し出し、ボールを前に飛ばしましょう。

動画は
こちら

半円のボードを左右の脚と殿筋でプッシュ

練習DATA

時間や回数	20〜30回程度
特別な道具	半円のボード

骨盤の使い方　下肢の操作性　支持機能　胸郭と捻転差

半円のボードという円を半分にカットしたような形状の板を使ったエクササイズで、ギッタンバッコンのように板を左右に動かします。膝を主として動かすこともできますが、バッティングで活かす動きを獲得するためには、殿筋を中心に使って板を動かします。動きに慣れたらバットを持って行います。

殿筋を中心に半円のボードを動かす

殿筋を中心に半円のボードの片側を押す

再び殿筋を使って反対側を押し込む。この動きを繰り返す

バットを持って半円のボードを動かす

バットを持って半円のボードの上に立つ

殿筋を中心に水平に体重移動をする

ワンポイント!

バットの代わりにフォームローラーを持ち、踏み込んだ脚と反対方向にねじるエクササイズも別バージョンとしてあります。このエクササイズでは殿筋を使って地面を押すことに加え、上半身を逆方向にひねる「捻転差」を作るトレーニングになります。

動画は
こちら

応用機能⑭ EXERCISE 28

ペアがヘッドをつかんで抵抗をかける

練習DATA

時間や回数	5回程度(1回3～5秒)
特別な道具	-

骨盤の使い方　下肢の操作性　支持機能　胸郭と捻転差

ペアと行います。ミートポイントでバットを強く押し返す感覚をつかむことが目的です。スイングをする側は腹部と下半身を意識した素振りを行います。抵抗がかかると腕で押してしまいがちですが、腕ではなく腹部や内転筋を使って抵抗に逆らうような力の発揮をします。「得意や不得意なミートポイント」や「どの方向に打つ」などの宣言をしながら取り組みましょう。

バッターはミートポイントにバットを運び、ペアは片手でヘッドをつかむ

ペアは両手でヘッドをつかみ、ヘッドからの力を受け止める

ペアは3〜5秒ヘッドの力を受け止め続け、バッターはスイングを続ける

ペアは3〜5秒経過したら手を離し、バッターはスイングする

ワンポイント！

バットがペアに当たる危険を避けるためには、必ず写真のような位置に立ちます。両手でバットのヘッドを持ち、「ヘッドからの力を受け止める感覚」です。例えばカウントしながら3〜5秒保持し、「ゼロ」のタイミングで手を離してバッターから離れます。ボールを押し返す感覚や下半身主導の使い方を覚えるエクササイズですが、十分に注意して行ってください。

動画は
こちら

応用機能⑮　EXERCISE 29

引き手側にセットしたバランスボールを押し続ける

練習DATA
時間や回数　5秒×3~5回程度
特別な道具　バランスボール

骨盤の使い方　下肢の操作性　支持機能　胸郭と捻転差

壁の近くに立ち、引き手側のお尻あたりにバランスボールをセットします。バットを持ってトップを作った状態で、支持脚だけで立ちます。続けてピッチャー方向に体重移動をするようにして、バランスボールを押し続けます。支持脚の機能と体重移動のタイミング、バランスの確保の獲得が目的です。

バランスボールを使う

壁とお尻の間にバランスボールをセットして支持脚だけで立つ

ピッチャー方向に体重を移動してバランスボールを押し続ける

壁に手をついて行う（バットなし）

1

押し手はトップを作り、引き手側は壁につく

2

支持脚だけで立ち、ピッチャー方向に体重を移動させ続ける

ワンポイント！

バランスボールを使ったバージョンが難しい場合は、壁に手をついたバージョンからはじめます。姿勢が前後に崩れないように、誰かにチェックしてもらうとよいでしょう。これで動きのイメージがつかめたら、バランスボールのバージョンに挑戦します。補助が入ってもいいですが、最終的には1人で行います。

おわりに

epilogue

巷ではバッティングに関する情報が溢れています。その情報を自分のなかでどのように整理し、自分のものにしていくのかが問われる時代になっています。こうした大量の情報から自分に必要な要素を導き出すためには、バッティングの基本的な考え方やスイングの基本を身につけておく必要があります。また、ピッチャーに対しての基本的な戦術も知っておかなければなりません。こうしたことをどのようにして見つけるのかが、非常に大事です。

例えばピッチャーについても右投げや左投げ、サイドスローやアンダースローなど、さまざまなタイプがあります。こうしたピッチャーたちに対してどのような戦略・戦術を立て、対応していくのか。そうしたこともバッターには問われます。ぜひ多くのことを身につけた強打者を目指してください。

また本書は私が高校時代から苦楽を共にしている井脇さんとの3作目の共著になります。彼は日頃トレーナーという立場で選手を観察し、選手たちの身体を実際に触り、選手一人ひとりの構造のよい点や弱点を見つけています。そして、その結果を基にトレーニングに転化させるスペシャリストです。目指す頂は私と同じですが、アプローチがまったく異なりますし、彼の存在がいつも私の刺激になっています。本書には、こうした井脇さんの考えやトレーニング方法も多く掲載しています。皆さんのレベルアップの参考になること間違いなしと確信しております。

筑波大学体育系教授　**川村 卓**

著者プロフィール

川村 卓(かわむら・たかし)

1970年生まれ。筑波大学体育系教授。筑波大学硬式野球部監督。全日本大学野球連盟監督会副会長、首都大学野球連盟常務理事。札幌開成高校時代には主将・外野手として夏の甲子園大会に出場する。また筑波大学時代も主将として活躍。筑波大学大学院修士課程を経た後、北海道の公立高校で4年半、監督を経験する。その後2000年12月に筑波大学硬式野球部監督に就任。18年明治神宮大会出場を果たす。主にスポーツ選手の動作解析の研究を行っている。主な著書に『「次の一球は？」野球脳を鍛える配球問題集』『ストレートの秘密』(辰巳出版)、『変化球を科学する「曲がるボール」のメカニズム』(日東書院)、『最新科学で身につける！ピッチング・バッティングの技術』(イースト・プレス)、などがある。

井脇 毅(いわき・たけし)

1970年生まれ。鍼灸按摩指圧マッサージ師、(公財)日本スポーツ協会公認アスレティックトレーナー。北海道苫小牧東高校から筑波大学体育専門学群(硬式野球部に所属)、同大学院修士課程体育研究科修了。小守スポーツマッサージ療院を経て、現在は井脇アスリートコンディショニング代表を務める。工藤公康氏をはじめとするプロ野球選手のパーソナルトレーナー、西武ライオンズトレーナー、車いすテニス国枝慎吾選手、リオパラリンピック日本代表トレーナー、プロゴルファー片山晋呉選手など歴任。現在は田澤純一投手のパーソナルトレーナーを務めながら中学、高校、大学野球部でコンディションの指導を行う。主な著書に『ストレートの秘密』(辰巳出版)、『変化球を科学する「曲がるボール」のメカニズム』(日東書院)がある。

●企画・編集・構成　佐藤紀隆(株式会社Ski-est)稲見紫織(株式会社Ski-est)
●デザイン　三國創市(株式会社多聞堂)
●写真　眞嶋和隆
●作図　楢崎義信
●写真・イラスト提供　Gettyimages　Adobe Sotck
●モデル　鈴木陸　鈴木大生

バッティングを科学する ボールを飛ばすメカニズム

2025年2月20日　初版第1刷発行

著　者　川村　卓
　　　　井脇　毅
発行者　廣瀬和二
発行所　株式会社日東書院本社
〒113-0033 東京都文京区本郷1丁目33−13 春日町ビル5F
phone 03-5931-5930(代表) fax 03-6386-3087(販売部)
URL http://www.TG-NET.co.jp

印刷・製本所　中央精版印刷株式会社

ISBN 978-4-528-02474-8 C2075